COLLECTION
DES MÉMOIRES

RELATIFS

A LA RÉVOLUTION FRANÇAISE.

MÉMOIRES

DE CHARLES BARBAROUX.

IMPRIMERIE DE H. BALZAC, RUE DES MARAIS S.-G. N. 17.

MÉMOIRES

DE CHARLES BARBAROUX,

DÉPUTÉ A LA CONVENTION NATIONALE ;

AVEC DES ÉCLAIRCISSEMENS HISTORIQUES,

PAR

MM. BERVILLE et BARRIÈRE.

TROISIÈME ÉDITION.

PARIS.

BAUDOUIN FRÈRES, LIBRAIRES ÉDITEURS,

RUE DE VAUGIRARD, N° 17.

1827.

AVERTISSEMENT

DES ÉDITEURS.

Jusqu'a présent on connaissait les circonstances et les funestes résultats du 10 août; mais la main qui dirigea le complot était restée dans l'ombre. L'audacieux conjuré qui porta ce grand coup se révèle lui-même dans l'écrit qu'on va lire; et après avoir été l'ame de la conspiration, il en est l'historien.

Par là tombent toutes les accusations dont l'infortuné Louis XVI devint la victime. On lui reprochait de vouloir ressaisir le pouvoir absolu, quand il n'osait même défendre la faible autorité qui s'échappait de ses mains. Il méditait, disait-on, le renvoi de l'Assemblée législative, l'attaque des sections, et le rétablissement de l'ancienne monarchie sur les ruines de la capitale: puisqu'on voulait le perdre, il fallait bien le calomnier. Le caractère de Louis XVI, plus voisin de l'indulgence que de la sévérité, de la faiblesse que de l'audace, répondait assez de ses intentions. Mais, pour ôter le plus léger doute à l'histoire, Barbaroux fait connaître les vrais auteurs du 10 août. Il dit quand fut conçu le complot, quels chefs ont dirigé, quels bras ont porté les coups; enfin comment le roi , s'il eût voulu seulement encourager la résistance, eût été maître de la victoire ; et cette déposition, faite par celui-là même qui renversa le trône de Louis XVI, contient ainsi la réfutation la plus authentique des injustes reproches faits à sa mémoire.

Par un retour fréquent des passions populaires, Barbaroux, qui vit expirer la monarchie sous le canon des sections, fut une des premières victimes immolées au nom de la république. Fugitif, et mis hors la loi, il écrivit les fragmens de son ouvrage au milieu des horreurs de la proscription. Las de cacher ses jours dans les ténèbres , de demander un asile aux forêts, aux antres sauvages, il mit sa tête entre les mains de ses bourreaux.

Ses Mémoires ont été recueillis par l'amitié, et nous les tenons de la piété filiale. M. Ogé Barbaroux, jeune avocat distingué du barreau de Nîmes , a bien voulu nous confier ce morceaux précieux. Malheureusement il n'est point intact: cinq chapitres seulement ont été conservés. La lettre qu'on va lire expliquera comment le reste a péri. Ce qu'on a retrouvé fera connaître à quel point ce qui n'existe plus est regrettable pour l'histoire.

Il serait superflu de prévenir le lecteur sur l'esprit et le ton de ces Mémoires: l'homme qui prépara le 10 août, qui siégea dans la Convention, qui fut un des appuis du parti girondin, doit avoir des principes conformes à ses actions. En lisant ces fragmens, il faut considérer l'homme et se reporter à l'époque : ces opinions, que la raison condamne avec tant de force aujourd'hui, sont, par leur exagération même, un des traits les plus fidèles de la peinture des temps.

LETTRE

CONSTATANT LA PERTE DU RESTE DES MÉMOIRES DE BARBAROUX.

Quimper, 13 avril 1820.

MONSIEUR,

Je viens de lire dans un journal l'avis que vous y avez fait insérer concernant les Mémoires de votre malheureux père. Personne mieux que moi ne peut vous donner les renseignemens que vous désirez, et votre attachement bien juste pour la mémoire d'un père, et d'une des plus illustres victimes du 31 mai, augmente encore les regrets que je n'ai cessé d'éprouver d'une perte devenue irréparable. Barbaroux, réfugié à Caen, se jeta avec ses compagnons d'infortune dans les rangs du bataillon des fédérés du Finistère, après le fatal résultat de la bataille ou plutôt de l'escarmouche de Pacy-sur-Eure, qui assura le triomphe de la montagne. Tout indignés de la proposition que leur firent Wimpfen et Puisaye d'appeler le duc d'Yorck pour livrer la France, ils prirent la résolution de suivre le bataillon jusque dans le Finistère, pour y trouver les moyens de se rendre dans les départemens du midi, où ils espéraient réussir à faire une puissante diversion contre le parti des montagnards. Les fédérés reprirent donc le chemin de leur département ; mais l'existence des proscrits dans ce corps n'ayant pas tardé à devenir publique, et la sûreté des uns et des autres se trouvant compromise, ils prirent le parti de se séparer des Finistériens et de se diriger sur Quimper par des chemins détournés. Le commandant me choisit pour les conduire dans cette ville, où étant parvenus au nombre de quatorze, ils furent répartis chez différens amis. Barbaroux, Louvet et Riouffe restèrent chez mon père, et le vôtre y eut la petite vérole, ce qui nous inquiéta beaucoup. Quelque temps après, étant devenus suspects nous-mêmes, et ces messieurs n'étant plus en sûreté chez nous, je conduisis Barbaroux chez un ami, dans une campagne à quatre lieues de Quimper, où je fus le reprendre dans la suite pour le conduire dans la rade de Brest. Il s'y embarqua, avec plusieurs de ses compagnons d'infortune, sur un navire destiné à les conduire à Bordeaux. Guadet leur avait fait espérer dans la Gironde des secours qu'ils n'y trouvèrent pas, et tous devinrent les victimes de la faction atroce qui opprimait alors notre malheureuse patrie.

Une lettre écrite de Bordeaux par Duchâtel à mon père, fut interceptée et imprimée. Ce fut notre perte. Mon père, obligé à son tour de prendre la fuite, ne tarda pas à devenir également la victime de ses ennemis. Moi-même je fus forcé de me sauver deux fois dans la Haute-Bretagne, et je ne dus probablement mon salut qu'au 9 thermidor.

C'est pendant ces absences que ma mère, effrayée des visites domiciliaires que l'on faisait sans cesse, confia à un ami de mon père, ingénieur en chef du département, les Mémoires de Barbaroux, qu'il avait en grande partie rédigés pendant son séjour chez nous, et que je lui ai souvent entendu lire avec le plus vif intérêt.

Nous croyions avoir sauvé ce manuscrit précieux. Mais cet ami ayant aussi eu des craintes pour lui-même, et pouvant payer de sa tête le dépôt qui lui avait été fait, si on l'eût trouvé chez lui, se décida, dans un moment de crise, à le brûler. Nous dénaturâmes aussi, par le conseil de nos amis, quelques effets restés chez nous, et que je n'avais pu porter à votre père au moment où il s'embarqua.

Voilà, Monsieur, quel a été le sort de ces Mémoires intéressans, que je regrette encore plus aujourd'hui, puisque je suis privé de les remettre entre les mains du fils de mon ancien ami ; car j'étais devenu le sien, et je serai toujours flatté de ce titre.

Agréez, Monsieur, etc.

Signé, DE LA HUBAUDIÈRE aîné.

MÉMOIRES

DE

CHARLES BARBAROUX.

N. B. La première partie de ces Mémoires et le premier chapitre de la seconde partie ont été composés en Bretagne, et sont
déposés en des mains sûres. Je vais donc continuer la seconde
partie, observant que n'ayant pas la première sous les yeux, il est
possible que je tombe dans quelque répétition ; c'est aux amis qui
publieront ces Mémoires à les faire disparaître (1).

DEUXIÈME PARTIE.

CHAPITRE II.

M. Greling, commandant de la garde nationale
de Marseille, avait donné sa démission : sa place
fut successivement offerte à Rebecqui et à Granet, qui la refusèrent (2). Enfin Lieutaud fut

---

(1) Cette première partie, comme on l'a vu plus haut, n'a point
été retrouvée.   (*Note des édit.*)

(2) Tous deux ont été membres de la Convention. Le premier,
victime de son dévouement à Barbaroux et de son attachement aux

nommé ; le peuple le jugea sur quelques faits révolutionnaires, et l'aristocratie sur ses vues. Elle espéra tout d'une ame corrompue qu'on pouvait corrompre encore, et elle proclama général par excellence et protecteur des bons celui auquel elle reprochait, peu de jours auparavant, de ne connaître que les évolutions des cartes et les sociétés des escrocs. *Saint-Priest* et *Mirabeau* l'appuyèrent, mais par des motifs différens ; l'un voulait le gagner à la cour, et l'autre au parti d'Orléans. Saint-Priest, jadis ambassadeur à Constantinople, avait conservé des relations avec les commerçans de Marseille : c'est lui qui décida leur opinion en faveur de Lieutaud, tandis que celle de la multitude était égarée par le suffrage de Mirabeau.

Le nouveau général eut donc pour lui le peuple et les riches ; nous n'étions pas dix hommes dans Marseille qui prévissions les malheurs qu'entraînerait cette nomination. J'étais fatigué de ma place de secrétaire-général de l'armée : mais dans ces conjonctures, je résolus, si on me l'offrait, d'en continuer les fonctions. On me l'offrit en effet, parce qu'on voulait me ménager ; et je l'acceptai, parce que

---

principes de la gironde, fut proscrit après le 31 mai, quoique démissionnaire. Espérant trouver un asile au milieu de ses amis et de ses parens, il parvint à gagner Marseille. Repoussé partout, il se noya volontairement. Le second devint montagnard et survécut à la révolution. Banni au second retour du Roi, il obtint en 1819 de rentrer en France, et mourut à Marseille en 1821.

(*Note des édit.*)

je voulais observer le commandant et déjouer ses projets.

On lui donna des fêtes ; le peuple imprévoyant dansait à sa porte au son des instrumens que l'adulation y amenait. On l'applaudissait à la tête des bataillons, dans les sections, au conseil de la commune, au club et dans les places publiques. Il s'était donné pour aides-de-camp huit coupe-jarrets ; mais dans un pays corrompu, on considérait moins leurs mœurs que leur zèle.

Je les voyais le matin, dans les marchés, persuader aux femmes des campagnes, en achetant leurs fruits, que Lieutaud était le plus grand général. Ils passaient le reste du jour dans les cafés, à la table des restaurateurs, aux spectacles, dans tous les lieux publics, prêchant partout les mêmes éloges, et le soir ils étaient au jeu. Le général, joueur dès son enfance, avait organisé des tripots pour se donner des moyens de corruption. On était affranchi de toute visite en lui payant une rétribution. Un limonadier donnait par jour vingt-quatre livres, et la directrice d'une académie dix louis. Une courtisane était chargée de la collecte de ces tributs qui s'élevaient tous les soirs à plusieurs milliers de livres ; et comme si cet immense produit n'eût pas suffi aux dépenses corruptrices du général, il tenait encore par ses aides-de-camp des banques publiques de *pharaon* et de *biribi*. La police voyait tous ces désordres et ne pouvait les réprimer, parce que la force armée commandée par des tripoteurs, ne découvrait aucun tripot. Ainsi l'on corrompait Marseille et l'on se ménageait les moyens de l'asservir, en desséchant dans l'ame de ses jeunes défenseurs les vertus mâles, pour y substituer la passion du jeu, source funeste des divisions domestiques et des vices qui conduisent à la servitude.

Le général avait établi un conseil de guerre composé d'un député par compagnie : jamais il n'arrivait dans cette nombreuse assemblée, sans être précédé par des applaudissemens ; jamais il ne parlait sans déterminer la délibération : c'est pourtant dans ce conseil que je résolus de l'attaquer. Il tenait fortement au projet de donner un uniforme à la garde nationale : c'était à la fois une spéculation lucrative, car il devait être le fournisseur des draps, et un moyen adroit de changer en esprit de corps l'esprit public, et de mettre ainsi l'armée dans ses mains. J'ai toujours pensé que le soldat dans les camps devait être en uniforme ; mais que le citoyen dans les villes, devait monter sa garde sans costume militaire. L'uniforme a l'inconvénient de reproduire dans les bataillons la division des riches et des pauvres, par la distinction de ceux qui sont habillés et de ceux qui ne le sont pas. N'est-ce donc pas assez que les vices des hommes ayent établi l'inégalité des fortunes, sans qu'on en retrouve le spectacle au champ de Mars, où tout rappelle qu'ils sont égaux aux yeux de la mort dans un jour de bataille ? D'un autre côté, la loi sur les uniformes n'était pas encore portée, et l'on se demandait pour-

quoi le général mettait tant de chaleur à nous
donner des habits neufs. On n'avait pas perdu le
souvenir de la garde prétorienne de *Caraman* et
des massacres de la *Tourette*. Je réveillai ce sentiment par mes discours, et j'obtins des succès dans
le conseil-général de l'armée. Le commandant s'en
vengea en le cassant, et n'assembla plus qu'un conseil privé, avec lequel il entreprit beaucoup contre
la liberté publique.

Les uniformes parurent malgré la décision des
représentans des bataillons, et le général donna le
premier exemple du mépris de la délibération. Il
usurpa le droit de proclamation qui n'appartient
qu'aux corps administratifs ; il ordonna aux curés
des campagnes de lire ses pamphlets au prône ,
et persécuta ceux qui s'y refusèrent ; il voulut
obliger la municipalité à venir au bas de l'escalier
de la maison commune, recevoir les fédérés à la
tête desquels il se présenta à leur retour de Paris.
Loin de pacifier les campagnes , il y sema de nouveaux troubles par ses injustices, dont le sentiment
conduisit au tombeau un vieux laboureur de
Mazargues, notable de la commune et défenseur
né des pauvres paysans. Dénoncé au club , il sus-
cita une insurrection pour en faire égorger les
membres ; et lorsque la municipalité le requit de
les protéger, il n'y envoya que des sicaires commandés par un de ses agens, qui, loin d'arrêter la
multitude, la provoquait au contraire à de nouveaux
excès. Je ne puis dire tous ses attentats et toutes ses

manœuvres pour usurper l'autorité. Il avait les prétentions de La Fayette sans en avoir ni les talens ni la prudence. Il s'était fait un parti dans les directoires du département et du district, il avait divisé la municipalité, il opposait les bataillons aux sections, les aristocrates aux patriotes, la populace au peuple. Toute la ville enfin était agitée par lui.

On me proposa, dans ces circonstances, la place de secrétaire-greffier-adjoint de la commune, occupée auparavant par un ami de Lieutaud. J'étais heureux de ma tranquillité domestique et des succès de mon état ; mais je devais des sacrifices à la patrie. La municipalité m'avait exprimé qu'elle se donnait un ami plutôt qu'un secrétaire (1) : j'acceptai donc, et les premières proclamations que je rédigeai ranimèrent le courage des bons citoyens. Lieutaud menaça de faire assembler les bataillons. Le maire le lui défendit ; je proposai de faire arrêter cet audacieux général : on se borna à commencer une procédure à la suite de laquelle il fut assigné pour être ouï. Je m'attachai surtout à détruire les tripots fondés par lui : en vain il disposait de la garde, on ne lui adressait plus de réquisition, on les faisait directement aux commandans des postes, qui

---

(1) La place de secrétaire-greffier était alors occupée par un vieillard qui avait rendu de nombreux services à la commune, et auquel elle conservait son titre ; mais ces fonctions étaient remplies par l'adjoint. C'est ce qui explique l'importance de ces dernières fonctions, à une époque où la plus grande activité et une capacité reconnue étaient nécessaires. (*Note des édit.*)

ne pouvaient refuser assistance à des officiers municipaux exerçant leurs fonctions. Ainsi je dérangeai toutes ses parties; je mis en désordre ses banques, ses pharaons et ses biribis.

Il fallait pourtant que cette lutte finît : le conseil-général arrêta que les sections délibèreraient sur la conduite du commandant. Les sections le destituèrent et nommèrent à sa place *Cabrol Mont-Coussou* qui n'avait pas de connaissances militaires, mais qui ne manquait d'aucune des vertus qui font les bons citoyens. D'Hilabre Chamvert, vétéran respectable, lui fut adjoint; il n'avait recueilli de trente années de travaux qu'une modique pension : la municipalité le vengea de cet oubli du gouvernement, en créant pour lui la place d'inspecteur des côtes avec douze cents livres d'appointemens. Tous ces changemens ne se firent pas sans quelques agitations : la minorité des diverses sections se forma en assemblée, et prétendit s'opposer au vœu de la majorité : celle-ci voulait user de la force; la sagesse de la municipalité arrêta l'indignation des uns et l'audace des autres. Les dissidens s'étayaient sur le droit de pétitions; mais le droit ne pouvait aller jusqu'à suspendre l'effet d'une délibération de la majorité des citoyens. La municipalité leur défendit donc de s'assembler, par une ordonnance que le peuple reçut avec acclamation, qu'on afficha dans la nuit à la lueur des torches, et dont l'effet fut de rétablir le calme dans une ville où le général avait semé tant de fermens de discorde.

Les dissidens avaient nommé, dans leur première assemblée, *Bremond Julien* et *Fournier,* pour porter leurs réclamations à Paris. Le premier. était procureur syndic du district. Il quitta cette place honorable pour servir une faction. L'appât de l'argent l'entraîna : on assure qu'on lui donna plus de douze mille livres qui furent dissipées dans moins d'un mois; cette commission l'a perdu. Depuis quelque temps nos relations amicales avaient cessé. Il avait rapporté de son premier voyage à Paris des opinions qui n'étaient pas les miennes, et un système de politique envers le peuple qui ne pouvait convenir à ma franchise; il avait feuillantisé le journal que nous faisions en commun, Esménard, lui et moi (1); il avait éloigné de ma maison cet associé que j'avais comblé de procédés honnêtes; enfin il m'avait réduit à parler contre eux, lorsque j'avais encore du plaisir à les excuser. Je lui écrivis, avant de rompre ce commerce, une lettre que l'amitié dicta, que l'amitié devait écouter. Je lui prédisais tous les malheurs qui lui sont arrivés. Hélas! tout mon regret est de n'avoir pu les prévenir; car si Bremond Julien avait les défauts des dissipateurs, il avait aussi des qualités aimables et des talens qui pouvaient servir la liberté.

---

(1) *L'Observateur Marseillais, journal patriotique.* Esménard, dont il est ici question, est devenu célèbre par ses ouvrages littéraires, et notamment par son poëme de la Navigation.

(*Note des édit.*)

Les deux commissaires ne firent rien à Paris, parce que la municipalité ne céda ni aux instances des médiateurs, ni aux menaces des comités. Esménard publia une lettre apologétique de Lieutaud, qui fut insérée dans le journal de Camille Desmoulins ; j'y répondis, mais je ne pus obtenir que cette réponse fût insérée dans ce journal.

J'ai su depuis que Camille Desmoulins trafiquait de ces insertions ; et qu'il avait rejeté ma lettre parce que je n'y avais pas joint une somme de deux cents livres. Cela s'appelle *le tour du bâton* que ce journaliste recevait indistinctement des aristocrates et des patriotes, des joueurs dont il s'était fait l'avocat, et des préposés de la police qui les pourchassaient, de d'Orléans et de La Fayette, du garde-des-sceaux *Duport* et des Jacobins, des Autrichiens et des Brabançons.

Cependant l'ex-général, retiré dans une campagne, agitait encore la ville ; *Lambarini*, son aide-de-camp, dont le métier était de peser le charbon sur les quais, catéchisait les charbonniers. Un abbé, connu par ses déportemens, semait les mêmes fermens dans les campagnes. Des agens répandus dans les tavernes payaient du vin aux ouvriers, et leur distribuaient de l'argent. On avait corrompu jusqu'à mon secrétaire qui, sous les dehors de l'amitié, venait m'interroger sur les opérations de la municipalité, et rendait à Lieutaud les détails que ma confiance laissait échapper, sans que pourtant la chose publique en fût compromise. Cette conspiration s'éten-

dail au loin; elle fut d'abord découverte à Aix où
des hommes très-suspects tentèrent d'établir un club.
Je gémis des excès qui furent commis dans cette
ville; car les exécutions illégales sont un attentat
envers Dieu et les hommes. Le célèbre juriscon-
sulte *Pascalis* périt misérablement dans cette
émeute, et, soit que cet événement inspirât des
craintes à Lieutaud toujours odieux aux Marseillais, soit qu'il y eût en effet des relations entre lui
et les monarchistes d'Aix, ou qu'il craignît la découverte de sa propre conspiration, il partit sur
un bateau catalan pour se rendre à Nice. Les vents
le repoussèrent sur les côtes de Bandol où les paysans
l'arrêtèrent et le conduisirent à Toulon.

D'un autre côté, le maire de Marseille, instruit
qu'on faisait dans les tavernes des distributions d'argent, avait secrètement suivi cette trame, et venait
de faire arrêter un des distributeurs qui avoua tout.
La police fit une procédure et décerna des décrets
de prise de corps contre Lieutaud et plusieurs
des siens. Un courrier extraordinaire porta ce jugement au directoire du département du Var, dans
lequel Lieutaud trouva des amis qui contestèrent
la compétence de la municipalité. Ils se trom-
paient, car aucune loi n'avait encore dépouillé
les municipalités de l'ancienne juridiction de la
police, et celle de Marseille était autorisée par
son institution à procéder jusqu'au décret de
prise de corps inclusivement; mais voulant pre-
venir une dispute de compétence, je conseillai

de remettre la procédure au tribunal du district. On la lui porta dans la nuit, et la nuit même il en prit connaissance et prononça les mêmes décrets. La municipalité était active et sévère, mais elle ne voulait pas exposer un accusé à la fureur du peuple; elle avait expédié à Toulon une barque montée par des officiers marins, et commandée par un capitaine, officier municipal. C'est dans cette barque qu'on amena Lieutaud et l'aide-de-camp Lambarini : ils étaient dans les prisons que personne ne se doutait encore de leur arrivée.

Leur procédure fut instruite solennellement : Seytres, procureur de la commune, plaida avec force contre les défenseurs de Lieutaud. Le peuple, qui remplissait l'audience, écoutait avec respect; la justice était éclairée. Elle allait prononcer, lorsque Dandré, l'ami de Lieutaud et l'ennemi de Marseille, surprit à l'Assemblée constituante un décret qui le déchargeait d'accusation. On voulut faire exécuter ce décret avec appareil : le régiment suisse d'Ernest marcha tout entier pour protéger la sortie des prisonniers; de mauvais citoyens avaient préparé des couronnes de laurier et de fleurs pour les jeter sur leur passage. Le peuple s'indigna de ces préparatifs et de la musique qui retentissait à la tête du régiment; il s'empara des hauteurs et menaça de tomber sur la troupe, que la municipalité prévoyante fit à l'instant retirer. Il y avait à Aix trois commissaires du roi, *Debourges*, *Dufour* et *Jaubert*, qui depuis ont été décrétés d'accusation; ils protégeaient

Lieutaud, et ne pouvant le faire enlever de force, ils usèrent de stratagème. Lieutaud et les siens furent habillés en Suisses, ils se mêlèrent avec les soldats de cette troupe qui montaient la garde au palais, et partirent avec eux, soutenus par tout le régiment posté sur la route. C'est ainsi que le général de Marseille échappa au glaive de la loi; il vint à Paris, remplir une place de lieutenant dans la garde du roi et une mission secrète pour exciter des mouvemens contre-révolutionnaires dans cette ville. Les papiers trouvés chez le roi établissent ce dernier fait; cependant Lieutaud, mis en jugement devant le tribunal du 17 août, a su se dérober une seconde fois à la peine de ses crimes.... On avait trouvé chez lui beaucoup d'or. J'ignore ce qu'est devenu ce grand intrigant; peut-être jouera-t-il encore quelque rôle; car le mouvement anarchique imprimé à la révolution tend à faire disparaître les hommes de bien et à porter de la fange au timon des affaires les hommes les plus gangrenés d'ignorance et de vices.

Après ces événemens, les travaux de ma place devinrent moins orageux, mais ne cessèrent pas d'être très-multipliés. Marseille entretenait des relations avec une foule de communes; j'avais pensé qu'il était utile de les conserver, pour resserrer davantage les liens de la fraternité, et j'avais étendu cette correspondance jusqu'à Paoli, pour faire tourner son influence à l'avantage du commerce de Marseille et de la Corse, soit que cette île où l'on a d'autres mœurs, où l'on parle un autre langage,

restât un département de la France, soit que la maladresse de notre gouvernement la fît passer au
pouvoir de son ancien podestat ou de quelque
puissance étrangère. Marseille était en contestation
avec tous les ministres, d'autant plus injustes envers
elle, que cette ville s'était montrée plus ardente
pour la liberté : c'étaient des assauts de tous les jours
qu'il fallait soutenir contre eux pour nos armes,
nos subsistances, notre commerce, nos établisse-
mens d'Afrique et du Levant, notre lazaret, nos
pêches, nos manufactures, notre monnaie, enfin,
pour tous les objets de notre industrie et de nos
besoins. Les détails de l'administration municipale
étaient d'autant plus immenses, que des contesta-
tions journalières avec les administrations supérieures exigeaient de continuelles explications. La
police n'offrait pas de moindres embarras dans une
ville où la vivacité des habitans amène à chaque heure
de nouvelles rixes, et les prétentions des ouvriers de
fréquentes insurrections. On dit que le président du
Parlement de Paris n'adressait au lieutenant-général
de police, le jour de la rentrée des chambres, que ces
trois mots : *Clarté, propreté, sûreté ;* mais plusieurs
volumes ne suffiraient pas pour détailler toutes les
opérations et tous les soins qu'exigent ces trois objets dans une grande ville. Des travaux publics immenses, une armée composée de trente-deux bataillons, vingt mille paysans ayant à la fois vingt
mille caractères et vingt mille volontés ; des pê-
cheurs français et catalans toujours en rixe, les uns

oppresseurs, les autres contrebandiers ; des procès
considérables sur des usurpations faites à la commune ; une ancienne comptabilité en désordre, et
une nouvelle toujours aux expédiens par le défaut
de moyens ; des aristocrates, des prêtres, des exal-
tés et des brigands ; tels étaient les sujets multi-
pliés de mes travaux journaliers, cent fois inter-
rompus par la mobilité des scènes. Il arrivait quelquefois qu'au milieu des plus graves occupations, on
venait m'annoncer un soulèvement pour le pain ou
pour les billets de la caisse. Il fallait à l'instant rédiger une proclamation au milieu du tumulte. Chaque
officier municipal venait m'apporter son idée bonne
ou inconvenante ; je promettais de tout insérer dans
l'écrit, et je n'insérais souvent que ma propre pensée, qu'un peu de tour dans les phrases et le
sentiment de l'amour du peuple que j'exprimais
partout, parce qu'il était dans mon cœur, faisaient
adopter au conseil et réussir dans la ville. Les frais
d'impression s'élevèrent à plus de vingt mille livres
dans une année : ce n'étaient pourtant pas les seuls
travaux auxquels je me livrais ; mon cabinet m'at-
tachait encore, quoique confié aux soins d'un associé. Je plaidai vingt causes cette même année ;
je fis imprimer un volume de Mémoires sur plusieurs questions, la plupart économiques ou commerciales ; je publiai quelques écrits politiques, et
je n'oubliai ni les sciences, ni les lettres que j'ai
toujours tant aimées : quel contraste de cette vie
active, embellie par les jouissances que me procu-

raient la variété de mes travaux, le sentiment de
mes devoirs fidèlement remplis, et le spectacle du
bonheur public auquel j'avais concouru, avec la
vie languissante que je mène aujourd'hui, sans
autre occupation que ma douleur, sans espoir d'être
utile à mes semblables, et sans autre pensée que
celle de la mort du peuple, tristes résultats des
crimes de ses agitateurs! O, mes amis! je n'ai point
oublié nos conversations du dimanche : nous
dînions frugalement chez moi ; nous montions
dans mon cabinet; vous me lisiez vos vers, je vous
consultais sur mes projets économiques; la conversation se portait d'elle-même sur des objets graves ou
gais, savans ou frivoles ; souvent les livres qui nous
entouraient nous mettaient d'accord ; plus souvent
c'étaient les femmes aimables de notre société qui
riaient de notre savoir. Jamais on ne se séparait
avant minuit, et quelquefois le soleil nous retrou-
vait parlant encore de Platon, d'Horace, de New-
ton, des nouvelles publiques qui n'étaient pas alors
des nomenclatures d'assassinats, et de l'amitié, divi-
nité qu'on adore partout, mais qu'on ne connaît
pas plus que les autres dieux. Salut à mes amis
Faure et Fournier !.... Ils me croient mort, ils ne
pensent pas qu'en ce moment le souvenir de nos
bonnes relations adoucit le sentiment de mes malheurs, et m'attache encore à la vie !

CHAPITRE III.

L'Assemblée constituante, après avoir offert au monde le spectacle sublime d'une réunion de sages travaillant au bonheur des hommes, venait de se déshonorer par la révision de la constitution. L'intrigue et la peur avaient fait perdre la plus belle occasion de fonder la république sans effusion de sang, lorsque le roi, parjure à ses sermens et prisonnier du peuple à Varennes, n'avait plus aucun cœur qui fût à lui. L'intrigue et la peur rédigèrent, après le massacre du Champ de Mars, cette constitution qui donnait au peuple le désir, au Roi le moyen de la détruire, et qui, par conséquent, devait crouler sous les efforts de tous les deux. C'est encore la peur qui venait de faire décréter la réunion d'une législature, lorsque la politique des *réviseurs* semblait présager une plus longue durée du corps constituant. Il n'est pas un seul événement, dans la révolution, auquel les passions basses n'aient concouru comme les vertus fortes, et celui-là connaissait bien le peuple français qui, pour l'armer contre la tyrannie, imagina le conte des brigands et lui fit peur.

L'Assemblée législative, dès son début, indiqua
la mesure de sa faiblesse : après avoir décrété qu'on
ne donnerait pas au roi le titre de majesté, elle
rapporta son décret le lendemain. L'indignation
me fit écrire quelques feuilles dans lesquelles je
prouvais par la constitution que le seul titre de *Roi
des Français* appartenait à Louis XVI. Cet écrit
m'est cher, parce qu'il fut l'occasion de ma connaissance avec *François de Neufchâteau.* Je viens
de lire que les dominateurs l'ont fait enfermer à l'Ab-
baye avec Chamfort et Barthélemy. Ils proscrivent
donc tous les talens. Les vertus aimables de ces trois
philosophes, les infortunes et la frêle santé du premier, le patriotisme attachant du second qui,
certes, avait fait plus d'une conversion, et le *Voyage
d'Anacharsis,* ouvrage immortel du troisième, n'ont
pu leur faire pardonner le malheur d'avoir de l'esprit et une raison clairvoyante.

Bientôt il s'éleva, entre Martin, député des Bouches-du-Rhône, et Mourailles qui lui succédait à la
mairie de Marseille, une dispute qui donna lieu à
de grandes injustices. Des lettres de Martin, trouvées ou interceptées, prouvaient qu'il soutenait
encore le régiment suisse d'Ernest, dont les plus
jeunes officiers avaient récemment troublé la ville,
et qu'il n'aimait ni les clubs, ni Chabot. Cette dernière opinion, si elle était fondée sur la crainte des
excès dont il était facile de prévoir que certaines
sociétés et Chabot seraient les partisans, était très-
juste ; la première ne l'était pas. On jugea l'une par

l'autre. Mourailles et ses partisans ne virent que la justification des Suisses, les clubistes que les sarcasmes contre les clubs, et chacun cria. Aux cris succédèrent les persécutions; on persécuta tous les amis de Martin, et il fut impossible à ceux même qui jouissaient de la confiance publique de rien dire dans une affaire qui aurait dû naturellement se terminer par un accommodement.

Cette brouillerie de Marseille avec son ancien maire la priva d'un défenseur sinon éloquent, du moins très-propre aux affaires; aussi ses intérêts commencèrent dès-lors à souffrir. *Granet* ne pouvait rien; et parmi les autres députés du département, Deperret, étranger à des questions commerciales par son éducation, et Antonelle par ses goûts, étaient incapables de défendre ses droits. On se proposa dès-lors de m'envoyer à Paris, en qualité de député extraordinaire, et bientôt les circonstances nécessitèrent cette députation.

Il s'était formé, dans la ville d'Arles, un foyer de contre-révolution : les patriotes étaient fugitifs, les aristocrates retranchés. L'assemblée électorale de 1791 avait bien fait quelques tentatives pour dissoudre ce noyau, mais la cour les avait rendues vaines par des proclamations; audacieux de leur impunité, les rebelles s'étaient emparés de la tour Saint-Louis, seule défense d'une des bouches du Rhône, et de-là pouvaient favoriser la descente des ennemis, tandis que les papistes d'Avignon et du Comtat, les fanatiques de Nîmes et les révoltés de Jalès auraient favorisé leurs progrès dans l'intérieur. Marseille s'alarma de cette coalition et la dénonça ; elle dénonça le directoire du département, qui n'avait rien fait pour l'empêcher ; elle dénonça les injustices particulières de ce corps administratif sur une foule d'objets, et le conseil général de la commune nous chargea, *Loys*, officier municipal, et moi, de porter ces dénonciations à l'Assemblée législative.

Nous partîmes le 4 février 1792. *Loys* n'avait pour vertus civiques qu'une grande exaltation : d'abord gendarme, ensuite avocat, puis fou, enfin révolutionnaire, il s'était jeté d'Arles à Marseille dans l'espoir d'y trouver une tribune, des places et de l'argent ; tandis que son frère, par le même motif, suivait une carrière contraire et se mettait à la tête des aristocrates arlésiens. Au reste il n'avait aucune opinion politique ; mais ambitieux, il avait retenu de ses lectures ce qui pouvait flatter son ambition, et il pensait très-sérieusement à la dictature, au protectorat, au triumvirat, institutions qui, selon lui, convenaient fort à la nation française. Sans les travers de cet homme, mon voyage, quoique très-rapide, aurait été fort ennuyeux.

Le premier jour il ne m'entretint que de son aptitude aux grandes places, et me récita tous ses ouvrages sans en excepter un madrigal à une comédienne, et un discours à M. l'évêque. Il me soutint ensuite que la constitution de Rome avec son sénat aristocratique et ses plébéiens délibérant dans les rues et sur les toits, comme au temps des Gracches, était la constitution la plus philosophique, et que le peuple français, pour être heureux, devait faire la guerre à tous les peuples depuis les Turcs jusqu'aux pauvres Lucquois : je riais encore de toutes ces folies quand nous arrivâmes à Paris.

Nous parûmes à la barre : Loys lut la dénonciation de la commune, à laquelle il avait joint une dénonciation contre son propre frère. Les uns croyaient que c'était héroïsme, les autres barbarie; ce n'était au vrai qu'un jeu, car peu de temps après, Loys, très-malade par suite de son inconduite, me quitta précipitamment pour aller dans le Midi, où tout fermentait, favoriser l'évasion de ce même frère qu'il avait accusé. Après cette fugue, les Marseillais ne voulurent plus le voir; il ne reparut dans la ville que lorsque l'anarchie y dominait; il la quitta lorsque l'ordre y renaquit, et, guidé par son impulsion vers la dictature, il vint à Paris se faire membre du comité révolutionnaire du 31 mai, participer à l'arrestation des députés, et s'offrir en otage avec quelques autres brigands pour la sûreté de ces honorables proscrits, comme si le crime pouvait jamais répondre de la vertu.

Je restai donc seul chargé des affaires de Marseille. Un premier décret manda le directoire du département des Bouches-du-Rhône à la barre, et sauva le Midi; car la majorité des membres de cette administration favorisait ouvertement les révoltés d'Arles. Un second décret déclara cette ville en rébellion; mais, trop tardif, il ne servait qu'à légaliser l'expédition révolutionnaire par laquelle *Rebecqui*, membre du conseil général du département, avait détruit ce foyer de conspiration.

Long-temps avant mon départ pour Paris, je n'avais cessé de peindre aux corps administratifs les dangers que courait l'ancienne Provence par la révolte d'une ville maîtresse de la navigation du Rhône. Depuis mon arrivée, je ne cessais de tenir le même langage dans toutes mes lettres; et certes, il était permis de croire aux projets contre-révolutionnaires des Arlésiens, lorsqu'on les avait vus s'emparer de la tour Saint-Louis, et enrégimenter dans leur ville les misérables fanatiques, dévastateurs de Nîmes et des campagnes de Jalès. J'avais publié deux Mémoires pour dévoiler les attentats de cette faction qu'on appelait *la chiffonne*, du nom de la maison où s'assemblaient ses chefs, ou peut-être parce qu'elle avait adopté pour signe de ralliement un petit *siphon*, que les paysans appellent *chiffon;* signe que les hommes portaient en or ou en argent à la boutonnière, et les femmes de qualité sur leur sein au milieu d'un entourage de diamans. D'Antonelle venait aussi de publier un écrit qui lui fit pardonner son long silence; mais des Mémoires ne remédiaient à rien. Rebecqui le sentit et marcha contre Arles.

La révolution n'offre pas d'entreprise plus hardie. Il y avait à Aix un régiment suisse qui pouvait s'opposer au passage des Marseillais, ou se joindre aux troupes rassemblées dans Avignon pour les prendre en queue. On résolut de désarmer ce régiment, et on le désarma. Je ne sais qui conduisit cette première expédition : on assure que les Marseillais n'étaient guère plus de mille hommes. Mais on disposa si bien les canons, on occupa des postes si avantageux, que le régiment suisse d'Ernest, après avoir inutilement parlementé, mit bas les armes, et que ses officiers rendirent leurs épées. Il faut louer *Pujet de Barbantane*, qui commandait à Aix, d'avoir empêché l'effusion du sang. Le roi le destitua; mais applaudi par l'Assemblée législative, il ne tarda pas à reprendre son commandement (1). Tel fut l'effroi de la cour à la nouvelle de ce désarmement, qu'on fit marcher de suite vingt-deux bataillons contre les Marseillais. Pourtant M. *Cahier de Gerville*, ministre de l'intérieur, m'avait assuré peu de jours auparavant que M. *de Narbonne* ne pouvait lui fournir un seul régiment pour l'envoyer contre Arles rebelle. On a dit que M. Cahier de Gerville était un honnête homme : je le veux ; mais c'était de cette honnêteté qui s'obstine à ne jamais voir le mal, ou qui s'enveloppe de petites formes pour s'excuser de ne l'avoir pas réprimé.

C'était fait des Marseillais si, fiers de leur victoire, ils avaient couru sur les Arlésiens. La prudence les fit retourner dans leurs foyers, où ils emmenèrent

---

(1) Les éclaircissemens historiques renferment, sous la lettre (B), des détails et des pièces qui expliquent la conduite de M. de Barbantane dans cette circonstance difficile.   (*Note des édit.*)

le directoire du département. Le conseil général s'était assemblé et s'occupait de la conspiration d'Arles : on nomma *Rebecqui* et *Bertin* commissaires pour examiner l'état de cette ville, en les autorisant à requérir des gardes nationales pour leur sûreté. Rebecqui requit quatre mille hommes, cinquante pièces de canon et six barques pour remonter le Rhône, armées de canons de vingt-quatre. Il prétendait que toutes ces forces étaient nécessaires pour la sûreté des commissaires, et bravant *Wigenstein* qui rassemblait douze mille hommes au pont Saint-Esprit, bravant la forte garnison d'Avignon et ses contre-révolutionnaires, et les chiffonistes d'Arles, et les fanatiques de Nimes, n'écoutant aucun ordre supérieur, ne répondant à aucune lettre, ni des généraux, ni des commissaires du roi, ni des départemens voisins, renversant tous les obstacles, il s'avança fièrement sur la ville d'Arles et la réduisit. Déjà les ministres croyaient voir Rebecqui aux barrières de Paris, et les ignorans de cette ville, qui sont en grand nombre, demandaient si la flotte arriverait par la Seine.

Cependant je poursuivais, devant les comités des rapports et de sûreté générale, la punition des conspirateurs. Le district, la municipalité d'Arles, les commissaires du roi étaient mandés à la barre ; et tous les soirs, dans les conférences des comités, je me trouvais à côté de mauvais citoyens qui défendaient leur cause par le mensonge et n'étaient que trop appuyés par les députés feuillans, plus exacts aux séances que les autres. Il n'y avait que deux administrateurs du district et trois officiers municipaux dont la conduite fût louable; je me félicite de les avoir défendus et de leur avoir fait accorder depuis, par la Convention, une juste indemnité : je suis sûr qu'ils ne m'ont pas oublié ; mais je n'en puis dire autant des autres Arlésiens connus sous le nom de *Monaidiers*. Pour eux j'ai, pendant deux mois, suivi les conférences chaleureuses des comités qui se terminaient souvent par des rixes, dans l'une desquelles *Grangeneuve*, assailli par Jouneau, faillit perdre la vie. Pour eux j'ai dépouillé plus de quinze cents pièces, j'en ai établi les concordances, et dressé le tableau analytique, ouvrage sans lequel il était impossible de faire un rapport. Avec eux j'ai entretenu dans ce temps une correspondance, où je ne leur parlais pas seulement de leur cause, mais de tous leurs intérêts et des moyens de réparer les maux de leur guerre domestique. Je m'étais attaché à eux comme un frère à ses frères, comme un ami à ses plus chers amis, et cependant, lorsque les anarchistes de Marseille m'ont proscrit, il ne s'est pas élevé dans Arles une voix pour son défenseur; au contraire Arles a adhéré à la proscription, et, comme si l'on eût craint que je rendisse encore à ce pays quelques services, ses administrateurs ont refusé de me donner des renseignemens, lorsque je me suis occupé du desséchement de ses marais, de l'exploitation de ses salines, de sa navigation aux bouches du Rhône toujours encombrées par les sables, et d'un projet de canal pour joindre Arles à Marseille, et les mettre en communication, par les fleuves, avec la mer d'Allemagne. Je me serais vengé de cet oubli en plaidant encore, dans la Convention, la cause des patriotes arlésiens, en leur faisant accorder tout ce qu'exigeait la justice. Non, je ne me détacherai jamais de ces *Monaidiers* que la persécution avait rendus si intéressans. Heureux s'ils ne sont pas devenus eux-mêmes persécuteurs, et si, dans les agitations de la guerre civile, cette colonie de Marseille que j'appelais *la mienne*, tant elle m'était chère, n'a pas cessé d'aimer la vertu et de haïr la tyrannie.

Marseille désirait que *Wigenstein* ne commandât pas l'armée du Midi, je l'obtins du ministre *de Grave*, et *Montesquiou* fut nommé pour le remplacer. J'étais encore chargé d'une foule de réclamations sur lesquelles j'écrivis des Mémoires; mais les comités de l'Assemblée législative travaillaient peu, et, dans la Convention, on ne s'est occupé que de Paris et de ses volontés, sans rien faire pour soulager la misère des départemens. Marseille, surtout, n'a pas été favorablement écoutée, parce qu'on était jaloux de sa gloire. Ce qu'elle a obtenu, je l'ai arraché, non par la force de la raison, mais par le sentiment de la honte dont je ne cessais de couvrir les éternels adulateurs de la commune de Paris.

Je donnais quelques soins encore à la cause des malheureux Avignonais. Jamais hommes ne se déchirèrent avec plus de fureur; j'ignore qui commit des excès plus cruels, ou des satellites de Rome, ou des soi-disant patriotes, tous également altérés de sang, et si les massacres du maire de *Vaison*, enterre vivant, et de *l'Escuyer*, déchiré au pied des autels, offrent quelque chose de moins épouvantable que la boucherie de la Glacière. Une seule pensée m'avait frappé; c'est que pour punir tant de crimes, il fallait couvrir d'échafauds Avignon et le Comtat. L'amnistie était nécessaire; et l'on pouvait d'autant moins se dispenser de la décréter, qu'il ne paraissait pas exact en principe d'appliquer les lois françaises à des attentats commis avant la réunion d'Avignon à la France. Je fis sur ces bases un discours aux jacobins. Le lendemain, *Lasource, Vergniaud, Guadet* parlèrent à l'Assemblée législative dans le même sens, et avec tant d'éloquence, que l'amnistie fut prononcée. Je pourrais me plaindre aussi de l'ingratitude des Avignonais qui se taisent lorsque leurs défenseurs sont proscrits : mais les guerres civiles ont détruit dans ce pays tous les sentimens généreux et toute idée de morale. Il semblait que les maux d'Avignon devaient finir avec l'amnistie; mais la rage révolutionnaire de ce pays n'était pas éteinte. L'anarchie et les troupes de *Cartaux* l'ont encore dévoré; les eaux de Vaucluse ont roulé des cadavres. Il n'y a plus sous ce beau ciel de retraites pour les philosophes, ni de bosquets pour les amans; il n'y a plus de Laure ni de Pétrarque : les rochers, les bois, les maisons de plaisance, tout y porte les traces du sang et du feu, tout s'y peint avec les caractères du crime et de la mort. Malheureux *Sabathier*, auront-ils respecté ton asile ? Poëtes, vous n'avez plus rien à chanter sur cette terre ; je la quitte pour décrire les événemens les plus mémorables de la révolution.

CHAPITRE IV.

Après la reddition d'Arles, Rebecqui et Bertin furent chargés, avec deux commissaires du département de la Drôme, d'organiser le pays réuni à la France sous le nom de districts de Vaucluse et de Louvèze. Rebecqui connaissait trop bien l'esprit des papistes pour s'engager sur cette terre sans une force respectable. Il s'y rendit donc avec une partie de l'armée d'Arles. Je cite Rebecqui et non Bertin, parce que celui-ci, inhabile aux affaires publiques, ne s'occupa, dans toutes ces expéditions, que de plaisirs et de quelques vengeances personnelles. A l'arrivée des troupes nationales, les aristocrates avignonais, qui s'accommodaient mieux de régimens étrangers, poussèrent des cris furieux. La barre de l'Assemblée législative en retentit : à les entendre, le sang ruisselait encore dans Avignon, et les commissaires avaient arrêté les subsistances de l'armée des Alpes. Rien n'était plus faux ; cependant peu s'en fallut que Rebecqui et Bertin ne fussent décrétés d'accusation. Ils ne nous avaient fait passer aucune pièce ; on ne savait trop comment repousser la calomnie : toutefois *Grangeneuve* et ses amis obtinrent qu'on prononçât seulement un mandat à la barre.

Ils arrivèrent : Rebecqui (1) vint loger dans mon appartement à *l'hôtel de la République de Génes*, et nous y reçûmes encore *Pierre Baille*, l'un des députés extraordinaires du département des Bouches-du-Rhône. *Pierre Baille* était un homme nul pour les affaires ; nous avons eu dans la suite la faiblesse de le laisser nommer député à la Convention, et il s'est rangé sous les étendards de la montagne. Proconsul à Toulon, il écrivait de cette ville ces mots qui le peignent, *tout va bien ici, le pain manque*. Après avoir donné quelques soins à la cause de Re-

---

(1) Rebecqui, dont il a déjà été parlé par Barbaroux, était député à la Convention nationale par le département des Bouches-du-Rhône. Négociant à Marseille, il était estimé par sa probité ; dès 1789, il s'était prononcé avec ardeur en faveur de la révolution : membre du département des Bouches-du-Rhône, il en fut nommé administrateur, et fut un des commissaires envoyés à Arles pour y rétablir les autorités constitutionnelles qu'une faction dite des *siphoniers* en avait chassées. Il fut encore chargé d'organiser le district de Vaucluse après la réunion d'Avignon à la France. A la Convention nationale, il siégea constamment avec Barbaroux, tout jeune encore, et pour lequel il avait la tendresse d'un père. Il vota l'appel au peuple, donna sa démission au mois d'avril, et fut remplacé par Mainvielle, son suppléant. Il partit pour fomenter une insurrection, dans les départemens du Midi, contre la montagne et en faveur de la gironde. Il réussit à Marseille. Mais d'autres s'étant emparés du mouvement au nom de l'ancienne aristocratie, il fut repoussé, et finit par se noyer de désespoir : son corps fut trouvé dans le port de Marseille.

(*Note des édit.*)

becqui et de Bertin, nous pensâmes à nous occuper sérieusement de la chose publique dont le danger était extrême. *Roland, Clavière, Servan* venaient d'être expulsés du ministère. *Dumouriez,* que l'austérité de leurs principes contraignait, les culbuta, et le fut lui-même par la cour, alarmée de son ambition. De petits intrigans, *Chambonas, Dejoly, Lajard,* les remplacèrent. L'histoire citera la lettre que Roland écrivit au roi. Rebecqui avait peut-être à se plaindre des dénonciations de ce ministre mal instruit de sa conduite à Avignon; mais ayant lu cette lettre, il me dit en la serrant sur son cœur: *Je suis à jamais l'ami de cet homme.* Cet oubli de son ressentiment me le rendit plus cher; c'est l'origine de l'étroite amitié qui nous unit, et de nos relations avec Roland.

Nous ne pouvions, sans souffrir, assister aux séances du corps législatif et des jacobins : là, les brigues de la cour triomphaient souvent des principes; ici, on ne discutait plus, on s'agitait tumultueusement, on n'agissait que pour mal faire. Ce n'était plus cette société, célèbre d'abord par de grands talens, et, après la fameuse scission des feuillans, par sa constance. Livrée alors aux cordeliers que *Danton* y avait jetés (1), énergumènes sans

---

(1) Il est à observer, dit Louvet dans ses Notices, que presqu'aucun jacobin n'était cordelier, mais que presque tous les cordeliers étaient jacobins, et faisaient à ceux-ci une guerre ouverte dans leur salle même, Robespierre portant presque toujours la parole pour les cordeliers. (*Note des édit.*)

moyens, vendus à d'Orléans, prêts à se vendre encore, on y persécutait déjà, par la calomnie et les cris, le peu de philosophes qui la soutenaient de leurs noms et une majorité de gens de bien toujours inerte et par conséquent toujours asservie. *Robespierre* qui, comme l'a dit *Condorcet*, n'a pas une idée dans la tête, pas un sentiment dans le cœur, Robespierre y tenait toujours la tribune, déclamant contre la cour alors qu'il écrivait son Défenseur de la Constitution ; s'opposant à la guerre offensive, lorsque l'ennemi s'avançait ; empoisonnant le peuple par la flatterie, et déjà s'exerçant au crime par ses provocations contre *Brissot* et les républicains, contre *Louvet* qu'il voulut faire pendre pour avoir résisté à sa domination dans les jacobins, et qu'il a proscrit depuis pour s'être opposé à sa dictature dans Paris.

Elle sera curieuse et atroce l'histoire des contradictions et des calomnies de ce *Robespierre*. Dans la question sur la guerre, si solennellement traitée aux jacobins, il ne cessait de dire à ses contradicteurs : *Vous voulez donc la guerre ?* (1) Certes personne ne voulait de ce fléau ; mais les Autrichiens

---

(1) Louvet expose ainsi, dans l'ouvrage déjà cité à la page précédente, les divisions que fit naître aux jacobins la question de la guerre : « Les cordeliers ne la voulaient pas, parce qu'elle » donnait trop de pouvoir à La Fayette, le plus grand ennemi de » d'Orléans ; les jacobins la voulaient, parce que la paix, conti- » nuant pendant six mois, affermissait aux mains de Louis XVI » un sceptre despotique, ou bien aux mains de d'Orléans un scep- » tre usurpé, et que la guerre seule, une prompte guerre pouvait

étaient là, il n'y avait plus à délibérer si l'on se battrait ou non, et toute la question se réduisait à savoir si la guerre serait offensive ou défensive. La guerre défensive convient peu au caractère français ; elle donnait à la cour tous les moyens de nous ruiner en faux préparatifs, et tout le temps de disposer ses trahisons sur nos frontières et dans l'intérieur. Brissot au contraire voulait qu'on profitât de l'énergie de la nation, demandant la guerre à grands cris, pour prévenir l'Autriche. Certain qu'on forcerait la cour à déployer les moyens sur lesquels elle nous trompait, on rendrait évidentes ses perfidies. On courait bien les risques d'être battu ; mais il y avait à ce danger un remède dans l'indignation nationale, au lieu qu'il n'y en avait plus si la conspiration royale était conduite à son terme. Ces raisons triomphèrent ; la guerre fut décrétée à l'unanimité par le corps législatif. A quels excès Robespierre ne s'est-il pas porté pour venger son amour-propre de cette défaite ! Il n'avait pas voulu la guerre offensive,

---

» nous donner la république. A cette occasion donc éclata la plus » forte scission entre la faction Robespierre et le parti Brissot. »

Brissot dit dans un de ses écrits : « C'était l'abolition de la royauté que j'avais en vue en faisant déclarer la guerre..... Les hommes éclairés m'entendirent le 30 décembre 1791, quand, répondant à Robespierre qui me parlait toujours de trahisons à craindre, je lui disais : Je n'ai qu'une crainte, c'est que nous ne soyons point trahis ; nous avons besoin de trahisons : .... les trahisons ne seront funestes qu'aux traîtres : elles seront utiles aux peuples. » (*Brissot à tous les Républicains de France, sur la Société des Jacobins de Paris.*) (*Note des édit.*)

lorsqu'elle était nécessaire; ensuite lui et ses complices l'ont réduite à la défensive par la désorganisation des armées : et aujourd'hui qu'ils la dirigent dans le tripot du salut public, nous sommes battus de toutes parts. Las d'entendre ces calomnies et les applaudissemens des jacobins, nous nous enfermâmes dans notre retraite, et là, mesurant les maux de la patrie, nous songions aux moyens de la sauver.

Trois partis la divisaient alors; la cour, les feuillans et les jacobins. La cour travaillait à renverser la constitution pour établir son despotisme. Les feuillans tentaient d'amener une nouvelle révision pour obtenir deux Chambres et le patriciat. Les jacobins n'avaient pas un but commun, quoiqu'agissant de concert : parmi eux les cordeliers voulaient du sang, de l'or, des places et d'Orléans; les républicains une république et des mœurs. Les deux premiers partis, la cour et les feuillans, s'étaient mis d'accord pour ouvrir aux Autrichiens les portes de la France, ceux-ci parce qu'ils se flattaient d'y gagner leurs deux chambres, et celle-là parce qu'habile à tromper, elle espérait donner des fers à tous. Renforcée par tous les hommes timides ennemis des révolutions, cette coalition puissante menaçait d'asservir le peuple qui n'était défendu que par les jacobins, mais dans des intentions diverses. Les uns le servaient par ambition, les autres par avarice, bien peu par vertu : nous n'avions pas alors les preuves écrites des manœuvres de la cour (cette preuve a été trouvée

aux Tuileries, dans l'armoire de fer) ; mais une
foule de circonstances nous en donnait la certitude
morale. Son silence sur le traité de Pilnitz avait été
trop affecté pour qu'il ne fût pas évident qu'elle
adhérait à cette confédération des puissances pro-
voquée par les frères du roi. *La Fayette* commandait une de nos armées ; et lorsqu'on l'avait vu abandonner le généralat de Paris, dans lequel il était
si utile à la cour, on n'avait pu se dissimuler qu'il
ne dût la servir plus utilement à la tête des troupes.
On en fut plus convaincu, lorsqu'on le vit passer
de la Moselle au Nord, emmenant avec lui son armée que celle de Luckner vint remplacer, par un
mouvement croisé jusqu'alors inoui dans les combinaisons militaires, ruineux pour l'État, mais dont
le but était de conserver à La Fayette ses régimens affidés. On ne s'était pas trompé davantage
sur la déroute de Mons, sanglante comédie jouée
pour arrêter le zèle des patriotes et la formation
des bataillons, ni sur l'ordre de rétrograder donné
à Luckner, lorsque le vieux général, croyant qu'il
fallait faire la guerre tout de bon, s'était emparé
de Courtrai. Le refus de sanctionner le décret pour
la réunion de vingt mille gardes nationaux sous les
murs de Paris, seul moyen que le génie de *Servan*
eût trouvé pour empêcher la trahison sur les frontières ou en prévenir l'effet dans l'intérieur, annonçait trop clairement l'intention d'ouvrir aux Autrichiens la route de Paris. Partout le fanatisme du
véto royal apposé sur le premier décret contre les

prêtres insermentés, soulevait les campagnes ; partout les insurrections pour les grains se manifestaient au milieu de l'abondance ; le camp de Jalès se formait encore ; les papistes d'Avignon remuaient, forts de l'absence de Rebecqui ; enfin de toutes parts le péril nous pressait, de toutes parts la contre-révolution s'avançait. Dans ces affreuses circonstances, nous tournions nos regards vers le midi, nous y cherchions un point de résistance (1).

Nous écrivîmes à la municipalité de Marseille de s'approvisionner de grains. C'est la première précaution que des hommes d'État doivent prendre, car le défaut de subsistances fait avorter les plus belles entreprises ; nous en avons fait une épreuve funeste dans l'insurrection départementale. Marseille suivit notre conseil ; le maire partageait nos opinions. Nous l'engageâmes à envoyer des hommes sûrs dans tous les départemens du midi, et aux armées d'Italie, des Alpes et des Pyrénées, pour y former l'opinion, et cinquante commissaires partirent pour cette mission importante. Nous l'engageâmes à sonder *Montesquiou*, général de l'armée des Alpes,

---

(1) Barbaroux, retournant de Paris après la journée du 10 août, et allant à Marseille avant sa nomination à la Convention, dit à une personne que si la ville de Paris voulait continuer sa tyrannie sur les provinces, il fallait former une république du Midi, et du doigt il en indiqua les limites. Ce fait prouve que si les calomnies répandues contre les girondins étaient quelquefois absurdes et fausses, du moins la tyrannie de Paris avait souvent reporté leur pensée vers les départemens du Midi.　　　(*Note des édit.*)

dont l'ambition pourrait être heureusement dirigée pour la liberté, et il ne tarda pas à entrer en correspondance intime avec lui. Enfin aucun de nos avis ne fut négligé; il resserra les liens de la fraternité entre Marseille et Toulon; il cultiva l'amitié de *Paoli* et de ses Corses, dont plusieurs bataillons passèrent à l'armée d'Italie, prêts à défendre nos droits communs au dedans comme au dehors; il alla plus loin, il provoqua le département des Bouches-du-Rhône à retenir le produit des impôts que dévoraient le pouvoir exécutif et ses ministres, et le département le retint; tous les jours nous écrivions aux corps administratifs, à la municipalité, au maire, à la société populaire, à quelques amis sûrs, au club d'Avignon, aux Monaidiers d'Arles; nous voulions que tous les patriotes s'aimassent, qu'ils s'instruisissent des exercices militaires et qu'ils fussent prêts à défendre leur indépendance. C'est ainsi que nous élevions secrètement dans le midi des barrières à la tyrannie.

Un jour que nous revenions, Rebecqui et moi, des Champs-Élysées, où nous nous étions entretenus de nos projets, nous rencontrâmes *Roland* et *Lanthenas; Lanthenas !* qui depuis a lâchement abandonné son ami et la cause de la liberté (1). Nous les embrassâmes avec transport; *Roland* nous témoigna le désir de conférer avec nous sur les malheurs publics; nous convînmes que je me rendrais chez

____

(1) Voyez les Mémoires de madame Roland.

lui le lendemain , seul , pour échapper aux regards
des espions.

Je fus exact au rendez-vous. Roland logeait dans
une maison de la rue Saint-Jacques au troisième ;
c'était la retraite d'un philosophe. Son épouse fut
présente à la conversation et la partagea. Ailleurs,
je parlerai de cette femme étonnante. Roland me
demanda ce que je pensais de la France et des
moyens de la sauver ; je lui ouvris mon cœur et
ne lui dissimulai rien de nos premières tentatives
dans le midi. Précisément, *Servan* et lui s'étaient
occupés du même plan. Mes confidences ame-
nèrent les siennes. Il me dit que la liberté était perdue si l'on ne déjouait sans retard les complots de
la cour ; que La Fayette paraissait méditer des
trahisons au nord ; que l'armée du centre, toute dé-
sorganisée, manquant de toutes les espèces de munitions, ne pouvait empêcher l'ennemi de faire
une trouée, et qu'enfin tout était disposé pour que
les Autrichiens fussent à Paris dans six semaines.
N'avons-nous donc, ajouta-t-il, *travaillé depuis*
trois ans à la plus belle révolution que pour la voir
renversée en un jour ? Si la liberté meurt en France,
elle est à jamais perdue pour le reste du monde ;
toutes les espérances des philosophes sont déçues. La
plus cruelle tyrannie pèsera sur la terre. Prévenons
ce malheur, armons Paris et les départemens du
nord ; ou, s'ils succombent , portons dans le midi
la statue de la liberté , et fondons quelque part une
colonie d'hommes indépendans. Il me disait ces

mots, et des larmes roulaient dans ses yeux. Le même sentiment faisait couler celles de son épouse et les miennes. Oh ! combien les épanchemens de la confiance soulagent les ames contristées ! Je leur fis rapidement le tableau des ressources de nos départemens et de nos espérances. Je vis une joie douce se répandre sur le front de Roland ; il me serra la main, et fut chercher une carte géographique de la France.

Nous observâmes que, des bords du Rhin à la mer de l'ouest, la France était partagée par les montagnes des Vosges, du Jura, et par la Loire qui coule dans la même direction. Entre les points où les rochers finissent, et celui où commence la barrière des eaux, sont des plaines assez vastes qu'il fallait défendre par un camp ; les montagnes l'eussent été par leurs fiers habitans, et les bords de la Loire par des redoutes qu'on y eût facilement élevées ; car le fanatisme et nos fautes n'avaient pas encore armé la Vendée. Si l'ennemi eût forcé le camp, s'il eût passé la Loire ou traversé les montagnes du Jura, une seconde barrière devait l'arrêter : à l'est, le *Doubs*, l'*Ain*, le *Rhône* ; à l'ouest, la *Vienne*, la *Dordogne* ; au centre, les rochers et les rivières du Limousin. Plus loin nous avions l'Auvergne, ses buttes escarpées, ses ravins, ses vieilles forêts, et les montagnes du Velay, jadis embrasées par le feu, maintenant couvertes de sapins, lieux sauvages où les hommes labourent la neige, mais où ils vivent indépendans. Les *Cévennes* nous offraient encore un asile trop célèbre pour n'être pas redoutable à la tyrannie; et à l'extrémité du midi, nous trouvions pour barrières, l'*Isère*, la *Durance*, le Rhône depuis Lyon jusqu'à la mer, les Alpes et les remparts de Toulon. Enfin, si tous ces points avaient été forcés, il nous restait la Corse; la Corse où les Génois et les Français n'ont pu naturaliser la tyrannie; qui n'attend que des bras pour être fertile, et des philosophes pour se guérir de ses préjugés.

Roland pensait qu'il fallait former, au centre du midi, des magasins de subsistances, s'assurer de la manufacture d'armes de St.-Etienne, et occuper l'arsenal de Toulon. Je désirais de mon côté qu'on n'abandonnât pas la Bretagne. La marine de Toulon ne suffira jamais pour donner à un État un rang parmi les puissances maritimes. Brest nous était donc nécessaire, et je pensais que des bords de la Loire on pouvait porter la liberté jusqu'à la pointe d'Ouessant, en établissant des points de résistance sur les rivières et au milieu même des landes, depuis Granville jusqu'à la Flèche.

Toutefois nous ne voulions pas délaisser les départemens du nord et Paris; il fut au contraire résolu que nous tenterions tous les moyens de les sauver. Le plus sûr était d'exécuter le décret sur le camp de Paris, malgré le *véto* du roi, la pétition de l'état-major de Paris, et les oppositions de *Robespierre*, qui sans doute n'espérait pas trouver, dans les départemens, des sicaires pour ses conspirations. Je promis de demander à Marseille un bataillon et deux pièces de canon. Ces bases arrêtées, je quittai Roland, plein de respect pour lui et pour sa femme ; je l'ai vu depuis, dans son second ministère, aussi simple que dans son humble retraite ; seul, entre les hommes publics, opposant sa vertu aux entreprises des méchans, et son corps à leurs poignards, s'occupant sans relâche, au milieu de leurs cris, à fonder l'industrie nationale et la morale publique. S'ils ne l'eussent bientôt arraché du ministère, il eût fait oublier *Sully* qui fut grand sans doute, mais qui ne s'opposa pas au *Code des chasses*, et *Colbert* qui, fondant beaucoup de manufactures, laissa détruire celles des Cévennes, et négligea l'agriculture, mère de tous les arts, nourricière de tous les hommes. Roland est celui de tous les modernes qui semble le plus s'approcher de Caton ; mais, il faut le dire ici, c'est à sa femme qu'il a dû son courage et ses talens.

Nous ne perdîmes pas un instant : nous écrivîmes à Marseille d'envoyer à Paris six cents hommes qui sussent mourir, et Marseille les envoya (1).

____

(1) On trouve dans une pièce curieuse, intitulée *Réveil d'alarme d'un député de Marseille aux bons citoyens de Paris*, et signée *Blanc-Gilli*, député des Bouches-du-Rhône, les détails suivans sur le bataillon marseillais : « Des gardes nationales » de Marseille, Toulon, Nîmes, Montpellier, Avignon et quel- » ques autres villes des trois départemens méridionaux, sont en » marche depuis plusieurs jours (5 juillet 1792) pour la capitale. » Leur nombre total ne s'élève pas à plus de quinze cents. Ces » rassemblemens ont été formés la plupart d'après les délibéra- » tions de leurs municipalités respectives ; et sous ce rapport, il

Cependant les Parisiens se mutinèrent le 20 juin :
ce fut une insurrection, sans force et sans but, qui
faillit perdre la liberté en donnant pour renfort à
la cour, et ceux qui s'enhardirent de la haine des
patriotes, et ceux qui, loin du tumulte des affaires,
apercevaient moins les trahisons et redoutaient
davantage les agitations. Le maire de Paris fut suspendu de ses fonctions par le département, le roi
mal conseillé approuva la suspension ; mais l'Assemblée nationale la fit cesser. Partout on criait
vive Pétion : le 14 juillet fut pour lui un jour de

» est permis de croire que les individus qui les composent se sont
» réunis sous l'étendard de l'honneur, et dans l'intention pure de
» voler à la défense de la chose publique.

    » Il est important toutefois de ne vous rien cacher, etc.... etc....
» La ville de Marseille, assise sur la Méditerranée, au voisinage
» de cent nations, doit être considérée, à cause de son port,
» comme la sentine d'une grande portion du globe, où vont se
» rendre toutes les impuretés du genre humain. C'est là que nous
» voyons constamment disposée à fermenter l'écume des crimes
» vomis des prisons de Gênes, du Piémont, de la Sicile, de toute
» l'Italie enfin, de l'Espagne, de l'Archipel et de la Barbarie ;
» déplorable fatalité de notre position géographique et de nos re-
» lations commerciales ! Voilà le fléau de Marseille et la cause
» première des fureurs qu'on attribue à la totalité de ses citoyens...
» Toutes les fois que la garde nationale de Marseille s'est mise en
» marche au dehors de ses murs, la horde des brigands sans pa-
» trie n'a jamais manqué de se jeter à la suite, et de porter la dé-
» vastation dans tous les lieux de son passage.... Plusieurs milliers
» de ces brigands se rendent, depuis plus d'un mois, à Paris ;
» j'en rencontre tous les jours sur mes pas ; un très-grand nombre
» encore est en route ; j'ai communiqué des avis nombreux à l'ad-
» ministration supérieure. »   (*Note des édit.*)

triomphe. Ce magistrat du peuple , habile à déjouer les complots de la cour, comme à réparer les fautes des patriotes , méritait bien cet hommage ; mais était-ce bien à des fêtes que les Parisiens devaient s'amuser, lorsque la patrie était aux bords de l'abîme ! Je me souviens que , quelques jours après , dînant chez Pétion, je lui dis qu'il ne tarderait pas à être prisonnier dans sa maison : il me comprit. Sa femme sentit aussi qu'il ne s'agissait que d'un moyen de sûreté. *Si nous enchaînons jamais votre époux*, lui dis-je , *ce sera auprès de vous et avec des rubans tricolores* (1).

Sur ces entrefaites *Montesquiou* vint à Paris , sous prétexte de demander un renfort pour son armée des Alpes , mais sans doute pour de plus importantes manœuvres. Royaliste par système, mais ambitieux à l'excès, on pouvait le gagner en flattant ses passions dominantes. Il eût servi la cause de la liberté, s'il eût espéré d'y jouer un rôle brillant dans le commandement des armées , et de s'en-

---

(1) Il paraît que le projet de tous les auteurs du 10 août était de consigner Pétion chez lui. Dans les *Observations de Pétion sur la lettre de Robespierre* , on trouve les passages suivans :

« Carra m'avait aussi prévenu ; il m'avait ajouté de plus : Nous » vous mettrons en règle ; on vous empêchera de sortir.... Eh bien, » apprenez maintenant que quoiqu'on eût projeté de me consi- » gner, on oubliait, on tardait de le faire. Qui croyez-vous qui » envoya , par plusieurs fois , presser l'exécution de cette mesure? » C'est moi, oui c'est moi, parce qu'aussitôt que je sus que le » mouvement était général, loin de penser à l'arrêter, j'étais » résolu à le favoriser. »   (*Note des édit.*)

richir dans les fournitures (1). Cette connaissance que nous avions de son caractère, et le droit que nous donnaient sur lui des conseils auxquels il avait dû ses succès dans nos départemens, nous déterminèrent à lui demander un entretien qui eut en effet lieu dans mon appartement. Il ne nous fut pas difficile de lui faire convenir que la cour tendait à rétablir son despotisme. Y avait-il pour lui plus d'avantage à servir la cour qu'à se mettre à la tête d'une confédération départementale? C'est ce que nous discutâmes en sa présence. Rebecqui lui faisait entendre qu'il pouvait être le sauveur du midi. Je vis par ses réponses qu'il n'aurait pas été fâché de jouer ce premier rôle et de toucher quelques millions. S'il ne l'accepta pas, c'est sans doute que les trames de la cour lui paraissaient trop avancées et trop sûres. Nous ne conclûmes donc rien; seulement nous promîmes de l'aider de tous les moyens de Marseille dans la conquête de la Savoie, et nous le quittâmes persuadés qu'il allait se vendre à la cour.

Il était alors beaucoup question dans Paris de la déchéance du roi. Cette mesure, en donnant le trône au prince royal, eût porté Philippe d'Orléans

---

(1) Voyez le *Moniteur* du 9 novembre 1792. Un rapport fut fait par Cambon, au nom du comité des finances, sur les marchés frauduleux passés, y est-il dit, par le général Montesquiou pour l'approvisionnement des armées du Midi. Le même jour il fut décrété d'accusation. (*Note des édit.*)

à la régence ; aussi son parti la réclamait-il avec emportement. On voyait ses créanciers, ses gagistes, ses commensaux, Marat et ses cordeliers, tous les escrocs, tous les hommes perdus d'honneur et de dettes, parcourir les lieux publics, provoquant cette déchéance, avides qu'ils étaient d'or et de places, sous un régent leur complice et leur mannequin. Des patriotes très-purs la demandaient aussi, parce qu'ils n'apercevaient que ce moyen de renverser la cour. Les jacobins, toutes les sociétés populaires de Paris, les quarante-huit sections avaient délibéré d'en faire la pétition. Quelques hommes sages, placés dans le comité de défense générale du corps législatif, aperçurent le piége et tentèrent d'autres moyens. Sans eux la puissance exécutive passait entre les mains de l'homme le plus dissolu; à la domination d'un monarque faible eût succédé le brigandage des amis du prince, sous un régent qui n'était entouré que d'hommes vils. Il est vrai que la France n'a point échappé au malheur de l'anarchie ; mais faut-il donc s'en prendre aux hommes qui travaillèrent sincèrement à fonder la république! Si la foudre renverse un édifice, est-ce la faute de l'architecte ? Et que pouvions-nous faire contre l'irruption des brigands, lorsque la nation, témoin de nos efforts, n'a rien fait elle-même pour nous seconder ! Ce n'est pas seulement la faiblesse des législateurs qui a perdu la France, c'est encore la lâcheté de la nation tout entière.

Cependant la cour faisait de son côté de grands préparatifs : outre les Suisses, dont le nombre était considérable, elle avait rappelé la garde constitutionnelle du roi récemment cassée par le corps législatif; du moins des lettres de rappel avaient été écrites à ceux d'entre les gardes dont on espérait le plus. Elle avait encore réuni autour d'elle cette bande de chevaliers qui jouèrent en 1791 la scène des poignards, et le nombre en croissait tous les jours. D'autres compagnies avaient été formées sous le commandement de *d'Angremont*. J'ai vu le bordereau des sommes payées au nommé *Gilles,* agent de ces bandes secrètes. On avait enlevé, pour former des régimens, les troupes soldées de Paris, ce qui avait extrêmement affaibli la garde nationale, et nécessité l'admission des hommes à piques dans les bataillons ; opération beaucoup blâmée, parce qu'on n'en a pas aperçu la cause et qu'on ne l'a jugée que par son triste résultat. Enfin de toutes parts il arrivait des émigrés, des aristocrates qui logeaient chez des prostituées, et même dans le Louvre, n'attendant qu'un signal pour frapper. Il n'est aucun de ceux qui ont vu ces malheureux temps, qui ne convienne, s'il est de bonne foi, que la cour marchait hardiment à la contre-révolution. Ce fait bien constaté justifie l'insurrection du 10 août. Tout s'agitait dans Paris pour ou contre : les fédérés s'assemblaient chez *Gorsas,* chez *Carra ;* il y avait un comité central aux jacobins, présidé par *Vaugeois.* Celui des Tuileries était dirigé par

les plus impudens contre-révolutionnaires. *Louvet*
écrivait sa *Sentinelle*, ouvrage dont les feuilles épar-
ses seront un jour recueillies par la philosophie, et
dont *Roland* payait l'impression du reste d'une faible
somme qu'il avait obtenue dans son ministère pour
former l'esprit public (1); *Royou, Mallet du Pan,* une
foule d'autres travaillaient pour la cour qui leur pro-
diguait des sommes immenses (2); on se battait au Palais-Royal, dans les cafés, aux spectacles; la moitié de
la garde nationale tenait pour la cour, l'autre moitié
pour le peuple. La tourbe des patriotes criait sans
mesure, quelques-uns intriguaient, bien peu travaillaient avec constance. Placé à la tête de ce

---

(1) On trouvera des détails à cet égard dans les Mémoires de
Louvet.

(Note des édit.)

(2) « Les agens de la liste civile, dit Peltier, avaient destiné une
» partie de la somme consacrée à ramener l'opinion qui se cor-
» rompait chaque jour, à entretenir des hommes sages et tran-
» quilles qui pussent se mêler dans les groupes populaires et
» établir une controverse de discussion avec les forcenés soudoyés
» par les jacobins. Tandis que ceux-ci agitaient le peuple de toutes
» manières par des fables absurdes et des complots chimériques,
» les hommes du gouvernement s'occupaient de détruire, soit par
» le raisonnement, soit par la plaisanterie, les contes dont on
» berçait une foule d'ouvriers ignorans. Les ordres de ces hommes
» étaient de ne prêcher que le respect dû aux autorités constituées,
» et la liberté de l'action des lois. Jusqu'au bâton qu'ils portaient
» pour leur défense personnelle, portait l'emblème de leur mis-
» sion; ils étaient convenus de l'appeler, entre eux, la Constitu-
» tion. Jamais une seule rixe n'avait dévoilé leur existence secrète
» et bienfaisante. » (*Histoire de la Révolution du 10 août.*)

mouvement, Pétion en avait calculé le choc avec
sagesse : il le retenait ou le laissait agir suivant
que la cour ou les patriotes étaient en force. Il déjouait les perfidies de celle-ci; il sauvait ceux-là
de leurs propres erreurs. Toujours placé au milieu
des excès des uns et des autres, proscrit par la cour,
calomnié par ceux qui voulaient un mouvement
pour eux, mais aimé du peuple qu'on n'avait pas
encore dépravé, il conduisit à son terme cette révolution. Les scélérats qui l'ont renversé ne peuvent pas lui en ôter la gloire, ni les gens de bien
lui imputer les malheurs qui l'ont suivie. Tel était
l'état de Paris, lorsque les Marseillais arrivèrent.

CHAPITRE V.

Ils arrivent à *Charenton :* nous volons auprès d'eux, *Rebecqui, Pierre Baille* et moi; *Bourdon* nous accompagnait : c'est le même qui, profitant de la méprise d'une assemblée électorale, a depuis siégé dans la Convention comme député de l'Oise, et s'est rendu cher à la montagne par ses vociférations (1); il postulait alors auprès de Rebecqui une place de secrétaire de la commission d'Avignon. Je ne puis dire avec quel sentiment de joie nous embrassâmes nos frères; nous leur donnâmes, nous en reçûmes mille témoignages d'affection : nous fîmes, avec leurs chefs et plusieurs d'entre eux, un repas fraternel. Il y avait aussi quelques jacobins : *Fournier,* dit *l'Américain,* dont nous croyions l'honnêteté sûre comme la bravoure; *Héron,* de la

---

(1) C'est le même aussi qui, à la séance du 31 mai, lorsque Guadet soutint à la tribune que les commissaires des vingt-six sections n'avaient pas le droit d'aviser aux moyens de sauver la république, puisque la Convention était là, s'écria que *tout cela n'était que du galimatias.* (Choix de Rapports, tom. XII, p. 101.)

(*Note des édit.*)

Bretagne, franc comme les hommes de ce pays, mais depuis mystifié par Marat, et quelques autres dont les noms m'ont échappé. Après le dîner on se réunit en petit nombre dans un cabinet, pour arrêter un plan de conduite. Les Parisiens nous assurèrent que le lendemain les faubourgs Saint-Antoine et Saint - Marceau se porteraient en armes à la rencontre des Marseillais. Quelle occasion plus belle de faire triompher la cause du peuple ! la cour ne s'attendait pas à ce mouvement; il n'y avait donc pas de résistance à craindre , il n'y avait pas de sang à verser; on pouvait obtenir la réparation de tous les torts, la suspension ou la déchéance du roi, suivant ce qu'on aurait jugé de plus convenable , et faire ainsi avorter toutes les conspirations du dedans et du dehors , non par la flamme et le fer, mais par un coup d'adresse. Cette pensée nous frappa, et dans l'instant notre plan de campagne fut arrêté.

On convint que les faubourgs marcheraient en armes au-devant des Marseillais : *Santerre* l'avait promis; il nous faisait dire de compter sur quarante mille hommes. Cette marche ne devait rien présenter d'insurrectionnel. Son seul caractère aurait été celui d'une fête fraternelle ou d'un honneur rendu , sans réquisition , et par un mouvement spontané, aux descendans des Phocéens.

Cette armée devait placer les Marseillais à son centre et défiler des faubourgs sur les quais. On aurait disposé un train considérable d'artillerie de

4

manière qu'en passant elle l'eût enlevé. A l'Hôtel-de-Ville on eût jeté mille hommes pour l'entourer et attendre les commissaires des sections qui devaient former un nouveau corps municipal; quatre cents hommes auraient occupé la Mairie pour y retenir Pétion, et quatre cents autres auraient arrêté le directoire du département. On devait occuper aussi les postes de l'Arsenal, de la halle au bled, des Invalides, les hôtels des ministres et tous les ponts sur la Seine.

Cependant l'armée se fût portée aux Tuileries sur trois colonnes : on eût barricadé les avenues du Carrousel, du Pont-Tournant et des quais; on y eût établi des batteries, et la troupe pénétrant dans le jardin y eût campé. On devait y avoir des tentes, des piquets, des vivres, et l'on était bien résolu de ne sortir de ce camp qu'après la réparation de toutes les injustices.

Cette expédition ne pouvait être sanglante. Les Suisses n'auraient pas été en force aux Tuileries, et l'on ne voulait pas les attaquer dans leurs casernes. On leur eût dit d'attendre en paix la manifestation de la volonté nationale. On n'eût pas pénétré dans les appartemens du château; mais on les eût bloqués : quant au parti définitif qu'on aurait pris, on était assez d'accord de faire à l'Assemblée législative l'invitation de prendre garde à *ce que la nation française ne reçût aucun dommage*, et de lui déclarer que le peuple de Paris, campé dans les Tuileries, ne déposerait les armes que lorsque la liberté serait assurée par de grandes mesures, et que les départemens les auraient approuvées. Surtout il fut arrêté qu'on punirait de mort le vol, les excès envers les personnes, la désobéissance envers les chefs. Nous voulions que cette insurrection pour la liberté fût majestueuse comme elle, sainte comme les droits qu'elle devait assurer, et digne de servir d'exemple à tous les peuples qui n'ont besoin pour briser leurs fers que de se montrer à leurs tyrans (1). Si ce plan eût été suivi, le sang des Français et des Suisses, victimes ignorantes des perfidies de la cour, n'eût pas coulé au 10 août; la république eût été fondée sans convulsions, sans massacres, et nous ne serions pas devenus, rongés de la gangrène populaire, l'horreur de toutes les nations. Mais il était réservé à Santerre de faire manquer une expédition qu'aucun malheur n'aurait accompagnée. Le mauvais génie de la France le destinait aux exploits du 2 septembre, et aux défaites de la Vendée.

J'avais écrit l'aperçu de ce plan au crayon. *Fournier* en prit une copie, et nous échangeâmes ces

---

(1) Il paraît que les girondins, qui voulaient une nouvelle révolution, conservaient l'espoir chimérique de l'opérer sans effusion de sang. Aussi voit-on ces mots dans l'adresse des Marseillais à l'Assemblée législative : « Mais vous, législateurs, qui voyez le péril du peuple, vous aurez le courage de le sauver, ou la bonne foi de lui dire que vous ne le pouvez pas; pour qu'exerçant enfin sa souveraineté, il se délivre du mal des rois, non par des insurrections destructives, mais par la manifestation paisible de la volonté nationale. » On trouvera cette pièce à la fin du volume, lettre C. *(Note des édit.)*

notes ; celle qu'il me donna, laissée dans une culotte de nankin, fut portée chez la blanchisseuse, et ne me revint que plusieurs jours après : singulier accident qui pouvait tout découvrir et peut-être faire manquer la révolution ! Nous convînmes aussi de nous surveiller réciproquement ; en conséquence, *Bourdon* vint avec nous, *Héron*, *Fournier* prirent chacun un Marseillais. En nous retirant, nous rencontrâmes Santerre qui nous donna de nouveau l'assurance qu'il viendrait avec 40,000 hommes au-devant du bataillon.

Santerre ne tint pas sa parole, il n'y eut que deux cents hommes qui se présentèrent pour recevoir les Marseillais; encore étaient-ce pour la plupart des fédérés des départemens, avec deux douzaines de Parisiens armés de piques et de coutelas. Quel fut notre étonnement en les voyant défiler ? Nous ne savions pas que *Santerre*, fabricant de bière, devenu célèbre pour avoir un moment résisté à La Fayette, n'était au fond qu'un homme extrêmement médiocre, lourd d'esprit et de corps, orgueilleux, mais incapable d'élever sa pensée à rien de grand. Déjà il avait voulu faire mouvoir les faubourgs le 26 juillet (1), mais ses moyens mal concertés don-

(1) Pétion rapporte ainsi ce projet du 26 juillet, dans la pièce que nous avons déjà citée, et qui est intitulée, *Observations sur la lettre de Robespierre* : « Je confesse que, le 26 juillet, j'ai empêché » un mouvement, et je crois que j'ai rendu alors le plus important » service. Les mesures étaient si mal prises que le succès était, on » peut dire, impossible. Le rendez-vous était sur le terrain de

naient à la cour tant d'avantage , qu'elle eût infailliblement battu les patriotes, si Pétion n'eût arrêté
cette molle insurrection ; ainsi nos espérances
furent trompées, et nous suivions tristement les
Marseillais qui se rendaient à la Mairie dans le plus
bel ordre.

Au milieu des embrassemens, on propose un dîner
fraternel aux Champs-Élysées , on l'accepte ; on va
déposer les fusils, on s'y rend. J'ai lieu de croire
que cette partie ne fut pas proposée par le sentiment, mais par une noire combinaison. En effet,
on conduisit les Marseillais à côté d'un jardin où
les grenadiers des Filles-Saint-Thomas célébraient
une orgie. On ne les avait pas encore servis qu'ils
se battaient déjà : les grenadiers, dit-on, insultèrent

» la Bastille : on devait partir de là à minuit, sur trois colonnes ,
» pour se rendre au château , s'emparer du roi, et le constituer
» prisonnier à Vincennes ; on comptait sur la garde nationale de
» Versailles , et à onze heures les officiers municipaux de cette
» ville vinrent me dire qu'un citoyen , se disant député par des fédé-
» rés, avait sollicité la veille l'appui de cette garde , mais qu'elle
» ne se mettrait pas en marche sans savoir pourquoi, et sans mon
» agrément. On comptait sur le faubourg Saint-Marceau ; les habi-
» tans de ce faubourg n'étaient pas encore préparés. Un des chefs,
» qui devait conduire une colonne, se rendit à la Mairie dans le
» moment où les officiers municipaux de Versailles y étaient ; il
» me dit qu'on ne s'entendait pas, et qu'il croyait apercevoir
» quelque trahison.... *Les Marseillais n'étaient pas encore arrivés ;*
» de sorte que si le projet eût été entrepris et qu'il eût manqué ,
» comme tout semblait l'annoncer, il est impossible de calculer
» les malheurs qui seraient résultés de cet échec. »

(Note des édit.)

quelques personnes spectatrices de leurs fêtes, ou qui, peut-être, désapprouvaient leurs chansons inciviques. A l'insulte ils joignirent les menaces et tirèrent l'épée : alors un cri se fit entendre : *A nous les Marseillais!* ceux-ci sautent par les fenêtres, franchissent les palissades, joignent les grenadiers et les mettent en déroute; un de ces derniers tira un coup de pistolet, et tomba d'un coup de sabre. Il fallait voir courir dans les Champs-Élysées les Parisiens qui, loin de séparer les combattans, n'osaient les envisager; si l'on avait voulu peindre la consternation, la terreur, c'est une de ces figures qu'on devait dessiner. Jusque-là, tout annonçait une rixe ordinaire; mais voici des faits qui laissent entrevoir une trahison. Les grenadiers des Filles-Saint-Thomas fuient dans les Tuileries, et le pont est à l'instant retiré; ils montent au château, et les dames de la cour leur prodiguent les soins les plus affectueux; l'une d'elles témoigne des alarmes sur son mari : Ne craignez pas, lui dit la reine, *votre mari n'y était pas.* La reine savait donc quels hommes avaient célébré cette orgie? N'est-il pas vraisemblable que des émissaires de la cour, mêlés à des patriotes, avaient proposé la partie des Champs-Élysées et amené la rixe? N'a-t-on pas voulu en faire le prétexte d'un mouvement funeste aux Marseillais? Ce qu'il y a de certain, c'est qu'à l'instant où ceux-ci, prévenus par nous, rentraient dans leurs casernes, toute la section des Filles-Saint-Thomas s'était armée, et s'emparait du poste

de la comédie italienne par où les Marseillais devaient passer dans leur retraite. On répandait partout qu'ils avaient massacré les Parisiens; on provoquait à s'armer contre eux, et déjà de forts pelo-
tons de gardes-suisses parcouraient les boulevards.
Les Marseillais, de leur côté, avaient fait deux prisonniers, et se disposaient à soutenir l'attaque. Il
fallut toute la prudence de Pétion pour calmer cette
fermentation, et déjouer l'intrigue qui l'avait suscitée.

Cependant les machinations et les mouvemens
se multipliaient. Il y eut conseil au château pour
savoir ce qu'on ferait des Marseillais; les corrompre
parut la chose la plus aisée. On devait me choisir
pour agent et m'offrir un million. *L'abbé d'Espagnac*,
long-temps après, m'a raconté cette anecdote; il la
tenait d'un *Coigny*, qui, disait-on, avait fait renoncer à ce parti, en observant que ma conduite,
dans la révolution, n'annonçait pas un homme qu'on
pût gagner. Ce fait se lie assez bien avec les tentatives que *Lieutaud* avait faites auprès de moi peu de
jours avant l'arrivée des Marseillais. J'ai dit que cet
ex-général de Marseille, devenu lieutenant dans la
garde du roi, était encore commissionnaire de la
cour dans ses secrètes manœuvres. Je reçois un
billet sans signature, par lequel on m'invite à me
rendre au faubourg Saint-Germain dans une maison indiquée, sous prétexte de me parler des intérêts de Marseille et des miens. J'allais répondre,
lorsqu'un billet plus pressant m'est apporté. Un
Marseillais se trouvait chez moi; je le charge de

porter à l'adresse donnée une réponse par laquelle je demande que l'auteur du billet se nomme s'il veut que je me rende chez lui, ou qu'il veuille bien se présenter chez moi dans la matinée. On m'apporte un troisième billet, le porteur me nomme celui qui me l'écrit; j'avais reconnu que c'était Lieutaud : il me répétait qu'il s'agissait des plus chers intérêts de Marseille, des miens et des siens; la conférence devait m'éclairer sur des objets très-importans. Le porteur, soldat de la garde royale, déguisé, me le répète plusieurs fois. Je réponds par écrit qu'il ne pouvait y avoir rien de commun entre M. Lieutaud et moi. Cependant, comme j'avais prévu le cas d'une confidence sur les trahisons de la cour (car tromper son propre parti pour se ménager un moyen de salut, n'était pas une chose impossible dans un homme vénal), je fis entrevoir dans ma réponse que je recevrais avec reconnaissance tous les avis qu'on voudrait me donner, que j'en garderais soigneusement le secret, que j'en ferais obtenir la récompense. Lieutaud vit bien que je ne donnais pas dans son piége, et me répondit par une lettre extrêmement vague, sur les Marseillais, et les intentions qu'on leur supposait; mais il m'est démontré qu'il s'agissait d'un projet de corruption ou d'assassinat. J'ai déposé dans le temps ces lettres et mes réponses au secrétariat de la commune de Marseille.

Voilà les tentatives de la cour, voici celles de Marat et de Robespierre.

J'ai dit, dans les premiers chapitres de ces Mémoires, qu'en 1788 j'avais fait un cours d'optique sous Marat; je l'ai apprécié comme savant, je dois le faire connaître comme politique.

Un de mes écrits sur la rébellion d'Arles tomba dans ses mains; il m'écrivit pour me complimenter, et m'invita à l'aller voir. Je m'y rendis : il demeurait alors vis-à-vis le café *Richard*, dans la rue Saint-Honoré. Je reconnus bien mon maître d'optique; mais quand je l'entendis, je crus qu'il avait perdu la tête. Il me dit sérieusement que les Français n'étaient que de mesquins révolutionnaires, et que lui seul avait des moyens de fonder la liberté. Je voulus pressentir le *grand homme*, je parus avide de ses instructions. « *Donnez-moi*, me dit-il, *deux* » *cents Napolitains armés de poignards et portant* » *à leur bras gauche un manchon en guise de bou-* » *clier ; avec eux je parcourrai la France, et je* » *ferai la révolution.* » Tout ce qu'il ajouta fut de la même force : il voulait me prouver que c'était un calcul très-humain d'égorger dans un jour deux cent soixante mille hommes. Sans doute il avait de la prédilection pour ce nombre, car depuis il a toujours exactement demandé deux cent soixante mille têtes, rarement il allait jusqu'à trois cent mille.

Un pareil entretien n'était pas assez agréable pour que j'y revinsse; mais après m'avoir écrit plusieurs lettres de reproches, il me fit chercher par *Rovère*, qui m'entraîna dans sa retraite. Marat avait pris gîte dans les mauvaises rues voisines de la place du Palais-

Royal, chez *Daubigny*, espèce d'avocat, puis jacobin, puis voleur. Nous trouvâmes l'homme célèbre
écrivant son journal. Il était pressé ; l'imprimeur
demandait des feuilles. Il fallait voir avec quelle lé-
gèreté Marat faisait ses articles. Sans connaître un
homme public, il demandait au premier venu ce
qu'il en pensait, et il écrivait. *J'écraserai le scélérat*,
disait-il. Il avait fait un article contre *Degrave*. Rovère
observa que ce ministre venait à notre sollicitation
de rappeler *Wigenstein*, commandant de l'armée du
Midi : il aurait pu ajouter qu'il allait lui accorder la
croix de Saint-Louis dont le sans-culotte Rovère
était alors fort envieux. Sans autre examen, Marat ef-
faça ce qu'il avait dit de *Degrave* (1). Son journal ache-

---

(1) Voici le portrait que Marie Williams trace de Marat ; nous
le citons à cause de sa conformité avec celui que fait ici Barbaroux ;
et, comme il faut entendre tous les témoignages, même les plus
étranges, nous donnerons dans les pièces (lettre D), un *Éloge
funèbre* où l'on compare Marat à ce que la vertu et la religion peuvent citer de plus grand et de plus respectable, à Socrate et à
Jésus-Christ ! « Marat, dit Marie Williams, à l'abri de toute cor-
» rection corporelle, par le mépris qu'inspirait sa petite personne
» grêle et difforme, pouvait insulter et calomnier impunément. Il
» devint le colporteur de tous les mensonges, de toutes les ab-
» surdes imputations dirigées par sa faction contre tous les per-
» sonnages qui possédaient un peu d'influence ou de considéra-
» tion. Nouveau Thersite de la Convention, personne ne daignait
» châtier son insolence, et ceux qui le mettaient en œuvre étaient
» souvent réduits à le désavouer comme un extravagant. Ce misé-
» rable n'excitait généralement que cette sorte d'antipathie qu'on
» a pour un reptile dégoûtant. Ses sentimens politiques variaient
» très-souvent : tantôt il exhortait à choisir un chef, tantôt il dé-
» clamait en faveur d'une monarchie limitée. Mais les meneurs

vé, il nous parla politique. *Nous avions tort de croire que les Français devaient faire la guerre avec des fusils ; le poignard était la seule arme qui convînt à des hommes libres. Avec un couteau bien affilé on fait tomber son ennemi dans un bataillon comme au coin d'une rue. L'Assemblée nationale*, ajouta-t-il, *peut encore sauver la France ; il faut qu'elle décrète que tous les aristocrates porteront au bras un ruban blanc, et qu'on les pendra lorsqu'on en trouvera trois réunis.* Ensuite il voulait qu'on attendît dans les défilés des rues et des promenades les royalistes et les feuillans, et qu'on les égorgeât : c'était plus tôt fait, c'était même un acte d'humanité; car on ne devait pas douter qu'ils ne voulussent aussi nous égorger. Je lui fis observer qu'on pouvait de cette manière tuer beaucoup de patriotes : faible objection ! *Si sur cent hommes tués*, disait-il, *il y a dix patriotes, qu'importe ! c'est quatre-vingt-dix hommes pour dix, et puis on ne peut pas se tromper ; tombez sur ceux qui ont des voitures, des valets, des*

» tiraient grand parti de son ardeur à publier tous les contes
» scandaleux qu'ils composaient, et à prêcher toutes les horreurs
» qu'ils méditaient. Sa rage de dénoncer était telle qu'il fut la dupe
» de tous ceux qui voulurent s'en amuser. Il insérait tous les jours
» dans son journal les noms de soi-disant grands criminels qui
» n'avaient jamais existé que dans l'imagination de ceux qui lui
» racontaient ou lui écrivaient ces facéties. » (*Lettre sur les événemens qui se sont passés en France, depuis le* 31 *mai* 1793 *jusqu'au* 10 *thermidor, par Marie Williams.*)

Nous réservons pour une autre publication le portrait de Marat, tracé par Fabre-d'Églantine. 		(*Note des édit*) *habits de soie, ou qui sortent des spectacles, vous êtes sûrs que ce sont des aristocrates.* On ne voudrait jamais croire que ces propos m'ont été tenus par Marat, si l'on ne retrouvait dans son journal les mêmes propositions.

Lorsque l'Assemblée législative l'eut décrété d'accusation, il m'écrivit de nouveau et me fit dire que je pouvais le sauver en l'emmenant à Marseille. J'eus la faiblesse de consentir à le voir encore : *Duprat* et *Rovère* m'y engagèrent. Rebecqui me disait que dans l'état de crise où nous étions, il ne fallait rien négliger et même entendre les plus fous. Un affidé de Marat me conduisit dans un café de la Grève, et de là chez une femme où la conférence eut lieu à neuf heures du soir. Ce furent les mêmes propos ; il m'engagea surtout à le conduire à Marseille, il se travestirait, me disait-il, en *jockey*. Je ne promis rien, je craignais trop de faire un mauvais présent à mon pays. Cependant croyant que sa douleur dérangerait davantage sa tête, je lui donnai quelques consolations. Je pensais alors que ses discours sanguinaires étaient le délire de son esprit, et non l'épanchement de son âme atroce. Je n'ai bien connu Marat que lorsque j'ai vu signée de lui la lettre par laquelle le comité de salut public de la commune de Paris engageait toutes les municipalités de la France à imiter les massacres du 2 septembre.

Marat m'envoya, vers la fin de juillet, un écrit de plusieurs pages qu'il m'engageait de faire imprimer pour le distribuer aux Marseillais, au moment de

leur arrivée. Nous tînmes conseil avec *Granet*,
député, pour savoir ce que nous ferions. L'ouvrage
nous parut abominable : c'était une provocation
aux Marseillais de tomber sur le corps législatif. Il
fallait, disait-il, sauve-garder la famille royale, mais
exterminer une assemblée évidemment contre-révolutionnaire. Assurément ce langage eût fait lan-
terner un aristocrate, on l'aurait applaudi dans la
bouche de Marat. Granet pensa, comme nous, qu'il
fallait rejeter cet écrit; et pour mieux nous faire
connaître son auteur, il nous conta que, peu de jours
auparavant, les valets du roi distribuaient gratui-
tement aux portes des Tuileries le journal de Marat, d'où il inférait que cet homme était payé pour
imprimer ces calomnies, ou que du moins elles servaient assez la cour pour qu'elle se rendît colporteuse
de son journal. Cependant Granet, après avoir écrit
contre Marat, a voté pour lui, s'est déclaré son dis-
ciple, et a fait immoler à ses mânes plus de six cents
Marseillais, tous ses amis, tous ses défenseurs, quand
le prévôt nous opprimait. Espères-tu, Granet, vivre
en paix dans ton pays ? Mais les victimes égorgées
par la montagne ont des fils, des pères.... Ils te dé-
chireront. Puissent les ombres sanglantes de mes
amis assassinés te suivre partout! Les spectres et les
remords sont le premier supplice des scélérats.

Marat m'écrivit, le premier août, pour me presser
de l'emmener à Marseille; il m'envoya, le 3, son
affidé pour me déterminer à ce voyage. Le 7, il m'é-
crivit de nouveau à ce sujet; le 9 au soir, il me mar-

quait que rien n'était plus urgent, et me proposait encore de se déguiser en jockey. Certes, il ne pensait pas alors à une révolution : elle se fit le lendemain, et depuis Marat s'est glorifié d'en avoir été le moteur. Combien je regrette d'avoir brûlé ces lettres ! mais je craignais des recherches si la cour avait pris le dessus, et non-seulement je sacrifiai tous les écrits qui pouvaient être un prétexte à persécution, mais encore je pris sur moi du poison. Ces lettres ont été vues par dix personnes, il peut en rester une ou deux dans mes papiers; et puis Marat, en publiant une de mes réponses dans son journal, a lui-même attesté cette correspondance. Je ne prends tant de précautions à rassembler les preuves de ce que j'avance, que parce que rien n'est plus curieux pour l'histoire que les faits que je rapporte. Il est vrai qu'il n'est pas besoin de ces entretiens ni de ces lettres pour attester les atroces folies de Marat, elles sont écrites en traits de sang dans tous les départemens de la France.

Robespierre aussi me circonvenait. Un abbé de ses amis, couvert de guenilles, et que j'ai vu depuis juge du tribunal révolutionnaire, vint me prier de passer à la Mairie, où, disait-il, *Fréron* et *Panis* m'attendaient. Je m'y rends : il s'agissait de déterminer les Marseillais à quitter les casernes du haut de la Chaussée-d'Antin pour s'établir dans celle des Cordeliers. Il y avait un avantage dans cette position; c'est qu'en cas de mouvement le bataillon pouvait plus facilement agir. Aussi ce projet fut adopté.

Leurs autres discours furent enveloppés de mystère :
il fallait que quelqu'un se mît à la tête du peuple.
Voudriez-vous donc, leur dis-je, *un dictateur !*
Fréron sentit que je n'aimais pas cette magistrature :
Non, me répondit-il, *mais vous savez que Brissot
veut l'être. Sergent* survint, on fit silence. On me
dit ensuite qu'il était partisan de Pétion, et lui rap-
portait tout ce qu'il entendait : *C'est un si petit
homme que ce Pétion ! il n'a pas une idée ; jamais il
n'y aurait de révolution si nous ne la faisions pour
lui.* Les imbécilles ! il fallait que Pétion raccommodât
chaque jour les sottises qu'ils avaient faites la veille !

On m'invita le lendemain à une autre conférence
chez Robespierre. Je fus frappé des ornemens de
son cabinet : c'était un joli boudoir où son image
était répétée sous toutes les formes et par tous les
arts. Il était peint sur la muraille à droite, gravé sur
la gauche, son buste était au fond, et son bas-relief
vis-à-vis ; il y avait en outre sur les tables une demi-
douzaine de Robespierre en petites gravures (1).

---

(1) Voici les détails fournis par Marie Williams, déjà citée, sur
la personne de Robespierre. Ils sont placés dans un Tableau des
mœurs de l'époque.

« On était arrivé à l'époque où les signes visibles du patriotisme
» par excellence consistaient dans du linge bien sale, un pantalon
» déchiré et crasseux, des cheveux mal peignés, un bonnet de
» laine rouge ou une perruque noire... On ressuscita le vieux so-
» briquet oublié de *muscadin*, qui signifiait un fat outré ; qui-
» conque était assez hardi pour sortir dans la rue avec une che-
» mise blanche, était traité de muscadin et, à ce titre, poursuivi
» et accablé d'injures ; toute femme qui portait un chapeau était

L'abbé et Panis étaient avec lui. Baille et Rebecqui m'accompagnaient. La conversation fut d'abord tout-à-fait semblable à celle que j'avais eue avec Fréron et Panis : il fut question de placer les Marseillais aux Cordeliers. Ensuite Robespierre, parlant de la révolution, se vanta beaucoup de l'avoir accélérée, mais il soutint qu'elle s'arrêterait si quelque homme extrêmement populaire ne s'en déclarait le chef et ne lui imprimait un nouveau mouvement. *Je ne veux pas plus d'un dictateur que d'un roi*, lui répondit brusquement Rebecqui, et la conversation fut rompue. En sortant, Panis nous serra la main : *Vous avez mal saisi la chose*, nous dit-il, *il ne s'agissait que d'une autorité momentanée, et Robespierre est bien l'homme qui conviendrait pour être à la tête du peuple.* N'insistez pas, repartis-je, les Marseillais ne baisseront pas les yeux devant un dic-

---

» une *muscadine*. On se souvenait encore du temps où le bonnet
» rond était un des attributs de la roture, et les prétentions aris-
» tocratiques du bonnet n'étaient pas tout-à-fait effacées du sou-
» venir. Il est bon de remarquer, comme une singularité assez
» extraordinaire, qu'à cette époque Robespierre ne se montrait
» jamais que vêtu très-proprement, et même avec une sorte d'élé-
» gance ; et que, tandis qu'il se déclarait le chef des sans-culottes,
» il n'adopta jamais leur costume. Sa hideuse physionomie, loin
» d'être enveloppée d'une perruque noire, était décorée de cheveux
» bien arrangés et soigneusement poudrés ; et sans doute, pour
» cacher l'agitation de son ame malfaisante, que ses yeux auraient
» pu trahir, il les masquait d'une paire de lunettes verdâtres qu'il
» portait toujours, quoiqu'il eût la vue excellente. » Ce fait seul
n'est pas exact : Robespierre avait la vue très-basse.

(Note des édit.)

tateur. Baille nous a depuis assuré que , dans une autre conversation, Panis lui avait fait de pareilles ouvertures qu'il avait repoussées. C'est ainsi que Robespierre cherchait à usurper dès-lors le pouvoir national. La Convention n'a pas osé le frapper lorsque nous lui avons dénoncé ces faits, et Louvet a prouvé sa domination dans Paris : maintenant il règne, il fait couler le sang de ses accusateurs.

Cependant la fermentation était extrême : les partis se choquaient ; on entendait ce murmure sourd qui présage les insurrections, comme les mugissemens des flots annoncent la tempête. La Fayette, disait-on, marchait sur Paris. Il est certain que ce mouvement devait avoir lieu ; La Fayette s'en était ouvert au vieux *Luckner* qui l'avoua devant plusieurs députés, chez l'évêque de Paris, et le nia lorsqu'il fut interpellé d'en faire sa déclaration légale : il est encore reconnu que La Fayette avait ordonné à *Dumouriez*, qui commandait sous lui une division de l'armée, de lever son camp, et que *Dumouriez* avait désobéi. Toutes ces nouvelles propageaient l'alarme, tandis que la cour plus audacieuse laissait déjà percer la joie du succès. Jamais elle n'avait été plus brillante, ni plus entourée de seigneurs et de chevaliers de toute espèce (1). Il fallait un terme à tant d'a-

---

(1) On trouvera quelques détails nouveaux sur l'intérieur du château, dans un rapport, disons mieux, dans une dénonciation violente, injurieuse, que fit à l'Assemblée nationale le commandant de garde auprès de Louis XVI. Voyez les Éclaircissemens historiques, lettre E. (*Note des édit.*)

gitations : déjà plusieurs sections avaient arrêté de ne plus reconnaître le roi ; celle de *Mauconseil* fit afficher le 9 août que si la déchéance n'était pas prononcée, à minuit elle sonnerait le tocsin et s'insurgerait.

Le soir, le roi fit appeler Pétion qui trouva le château extrèmement garni de satellites. Le roi lui demanda quel était l'état de Paris; Pétion ne lui en cacha pas la fermentation; mais tous ces interrogats n'étaient qu'un prétexte. On avait appelé le maire pour le retenir en ôtage; il sentit le piége. Déjà ses amis l'avaient aperçu, ils en avaient instruit divers députés qui le firent à l'instant mander à la barre. Des huissiers, précédés des grenadiers du corps législatif, vinrent lui signifier le décret dans le jardin des Tuileries, où il était retenu depuis trois heures, non sans quelques provocations. Pétion obéit, et sortit ainsi des mains de la cour.

A minuit le tocsin sonne, la générale bat : l'air répétait au loin ces lugubres sons. Des motifs de prudence nous déterminèrent à ne pas nous mettre à la tête des Marseillais. Baille représentait à Paris le département des Bouches-du-Rhône, et moi la ville de Marseille; Rebecqui était mandé à la barre. Tous les trois nous étions chargés de veiller à la conservation du bataillon. Nous lui fimes dire par *Bourdon,* qui, depuis la conférence de Charenton, logeait avec nous, de nous envoyer tous les quarts-d'heure une ordonnance pour nous instruire de ses mouvemens; surtout nous lui recommandions de ne pas trop se livrer à des impressions étrangères, de ne marcher qu'avec les colonnes parisiennes, et de ne pas se mettre à la tête dans les défilés des rues, et surtout au château, dont il ne connaissait pas les avenues. L'amour de la gloire l'emporta sur ces prudentes recommandations : les Marseillais, à leur grand péril, occupèrent dans cette journée le poste d'honneur.

Bertin, le courrier *Aubert,* le capitaine *Carrière,* vinrent nous rejoindre à cinq heures du matin. Nous les plaçons pour observer les événemens, *Bertin* dans l'Assemblée nationale, *Aubert* au faubourg Saint-Antoine, *Carrière* auprès du bataillon ; nous allons, Rebecqui et moi, reconnaître les dispositions militaires. Les légions arrivaient de toutes parts avec leurs canons ; mais cette extrême diligence annonçait plutôt l'intention de défendre que celle d'attaquer. C'était le commandant général *Mandat* qui les faisait avancer. Il avait donné l'ordre au commandant du poste de la maison commune de tirer sur les bataillons du faubourg Saint-Antoine, lorsqu'ils déboucheraient par l'arcade Saint-Jean. L'ordre est montré au corps municipal encore en fonctions ; *Manuel,* procureur de la commune, cite le général qui reconnaît publiquement son écriture : la foule qui presse le commandant se jette sur lui, l'entraîne hors de la salle et le tue (1). On avait arrêté aux Tuileries une fausse pa-

***

(1) Le motif de ce meurtre, suivant Peltier, c'était le désir qu'on avait de se procurer l'ordre de repousser la force par la force, que Pétion, enfermé dans le château, avait signé par l'effet de la

trouille composée d'anciens gardes-du-corps; la multitude allait les déchirer, lorsque quelques citoyens se réunirent pour former à l'instant une espèce de tribunal. Ils sauvèrent de cette manière plusieurs malheureux qui n'étaient pas de la patrouille, quoiqu'ils eussent été pris dans le jardin. Il était alors sept heures du matin. Les commissaires des sections ne remplacèrent la municipalité qu'à neuf heures, quoiqu'ils eussent passé la nuit à la commune. Ce fait est important, parce que ces commissaires se sont dits les seuls auteurs des plus importantes opérations auxquelles le corps municipal avait pourtant concouru. J'ai vu depuis beaucoup de personnes s'attribuer les honneurs de cette journée, quoiqu'il soit bien certain que le plan n'en avait pas été tracé comme celui de la défense du château. Elle se fit, comme toutes les insurrections, par un mouvement irrégulier, résultat de mille circonstances; une foule d'hommes y jouèrent un rôle plus ou moins actif; ceux-ci par des combinaisons antérieures à l'événement, ceux-là par l'impulsion de leurs discours, plusieurs par la force des armes. Les seuls peut-être que l'histoire dis-

---

crainte. On supposait que l'ordre écrit se trouvait sur la personne du commandant Mandat, mais il n'y était pas : et si tel était le motif des meurtriers, le crime fut inutile. On lui reprochait surtout d'avoir placé un poste de gendarmes devant la colonnade du Louvre, qui devait laisser passer la multitude et fondre ensuite sur elle pour la disperser en la prenant par derrière. Cette mesure ne put être exécutée à cause de la défection des gendarmes.

(*Note des édit.*)

tinguera dans ce tourbillon de mouvemens et d'actions, sont les Marseillais et les Bretons.

Nous rentrâmes, avant neuf heures, pour écrire à Marseille les premiers événemens du jour, et savoir de *Pierre Baille*, resté seul dans l'hôtel, ce qu'il avait pris du bataillon. Une ordonnance arrive, nous annonçant que les Marseillais sont en bataille sur le Carrousel, mais qu'ils paraissent abandonnés, puisque le faubourg Saint-Antoine n'arrive pas. Nous dépêchons à l'instant, vers ce faubourg, *Bertin* qui revenait de l'Assemblée nationale. J'ai su depuis que *Westerman* s'y était aussi porté dans le même motif, et qu'il avait trouvé *Santerre* invitant les bataillons à ne point marcher au château, sous prétexte que la cour était en force; mais *Westerman* lui portant l'épée sur la poitrine, s'écria que les Marseillais étaient au Carrousel. Il n'y eut plus alors à balancer, Santerre changea de langage et se mit en marche; mais à la maison commune il quitta sa troupe pour aller se faire proclamer commandant-général, et on ne le vit plus de toute la journée. Son premier acte fut de faire demander aux Marseillais leurs deux pièces de canon, pour la mairie, comme si le champ de bataille avait été là. On repoussa cette demande avec indignation. Toutes ces fautes, la marche lente du faubourg, les mauvaises dispositions de l'attaque, la terreur des uns, l'insouciance des autres, les forces du château, tout assurait la victoire à la cour, si le roi n'eût pas quitté son poste. Il paraît qu'il avait eu d'abord l'intention de se battre, puisque le matin il avait passé en revue les Suisses et les chevaliers déguisés sous leurs uniformes. S'il se fût montré, s'il fût monté à cheval, la très-grande majorité des bataillons de Paris se fût déclarée pour lui. Mais il aima mieux se rendre à l'Assemblée nationale. On dit que ce conseil lui fut donné par *Rœderer*, et peut-être est-ce un coup de politique dont cet excellent administrateur peut s'honorer. La reine n'était pas de cet avis : on assure qu'arrachant un pistolet de la ceinture de M. d'Affry, et le présentant au roi, elle lui dit de faire son devoir.

On se lassait d'attendre : l'impatience provençale l'emporta sur la considération du danger ; les Marseillais ayant sur leurs ailes les Bretons, s'avancent fièrement et pénètrent dans la cour des Princes au pas de charge. Les Suisses garnissaient les fenêtres du château ; ils criaient aussi *vive la nation !* On parlemente long-temps : une douzaine d'entre eux, et quelques gendarmes, vinrent se ranger parmi les Marseillais ; ils jettent des fenêtres, en signe d'amitié, des cartouches sans balles. Granier, commandant en second du bataillon, pénètre jusqu'aux appartemens ; il croyait n'y recevoir que des témoignages de fraternité, déjà même on l'avait embrassé ; tout-à-coup une décharge terrible de fusils, de carabines, d'espingoles part des fenêtres du château (1). Au mou-

______

(1) Il n'est pas à présumer qu'on parvienne jamais à éclaircir ce fait si souvent allégué et qui n'a jamais été démontré : les deux partis n'ont encore donné aucune preuve ni pour ni contre ; ils se sont con-

vement des armes qui précède le feu, les Marseillais,
par une impulsion naturelle, reculent quelques pas
et couchent en joue les Suisses. Cette manœuvre les
sauva; la grêle des balles frappe sur la place qu'ils
viennent de quitter. Tous auraient péri s'ils y fussent
restés. Il en tomba sept : le commandant, atteint

---

tentés de nier ou d'affirmer, sans fournir jamais aucun témoignage
digne de foi. Une brochure imprimée en 1822, et ayant pour titre :
Détails particuliers sur la journée du 10 août, présente quelques
détails qui peuvent conduire à comprendre cette scène. Elle est
écrite avec quelque exaltation de sentiment, mais avec une grande
apparence de bonne foi ; l'auteur est ennemi prononcé des assaillans, il était à la défense du château.

« En nous retournant, dit-il, vers l'entrée de la salle des gardes,
» un bruit extraordinaire, qui paraît venir du vestibule, attire nos
» pas de ce côté : nous descendons à grand'peine quelques marches
» de l'escalier à droite, et nous penchant sur la rampe, nous
» découvrons de là les derniers degrés toujours encombrés du haut
» en bas, comme au moment de notre arrivée : seulement on a
» placé à la partie inférieure, à peu près à hauteur d'appui, une
» traverse en bois qui forme barrière, et derrière laquelle est re-
» tranché un groupe de nos camarades : quelques-uns des assail-
» lans, venus de la cour, sont déjà sous le vestibule ; les uns cou-
» rent çà et là, poussant leurs clameurs accoutumées ; les autres
» se sont approchés de la barrière qu'ils cherchent à déplacer :
» Nous ne sommes pas vos ennemis, disent-ils aux gardes nationaux :
» nous n'en voulons qu'aux habits rouges ! séparez-vous d'avec
» eux, et joignez-vous à nous. De leur côté, les nôtres tiennent
» bon : ils repoussent de toutes leurs forces ces conseillers perfides ;
» j'ai surtout occasion de remarquer un homme à cheveux blancs,
» mais plein de vigueur, qui, dans cette circonstance, déploie
» singulièrement de chaleur et d'énergie : d'une main il se
» cramponne à la barre, de l'autre il présente la pointe de
» sa baïonnette à celui des assaillans qui paraît le plus acharné,
» il le somme de se retirer, et parvient à lui faire lâcher prise. »

d'une mitraille à la jambe, est amené chez nous ; les autres soutiennent le choc (1). Un coup de canon repousse les Suisses qui tentaient une sortie; de toutes parts on foudroie le château. Le second commandant des Marseillais, poursuivi dans les appartemens à coups de baïonnettes, se pare de son sabre, saute de la barrière du grand escalier, échappe aux balles de ses propres soldats qui tiraient sur le château, tombe sans se blesser, se met à la tête des Marseillais, fond avec eux sur les Suisses, les enfonce et pénètre à force ouverte dans la salle où d'abord la perfidie l'avait accueilli. Les Bretons fidèles et quelques patriotes marchent d'un pas égal : plusieurs bataillons de Saint-Antoine, arrivés à l'instant, les suivent dans le château. Cependant d'autres divisions fuient. Lauvigny, qui commandait un bataillon, reste seul abandonné sur la place; la déroute est au dehors comme au dedans. Ceux-ci, rassemblés au nombre

---

On voit par cet exposé quel était l'état du combat : les cours étaient pleines des assaillans qui, parvenus sous le vestibule, étaient en lutte avec les défenseurs du château rangés pêle-mêle derrière cette barrière. Les appartemens supérieurs étaient pleins de volontaires, de grenadiers de la garde nationale et de Suisses. Ces derniers, suivant Barbaroux, criaient des fenêtres *vive la nation !* Il est possible que leur premier mouvement ait été de demander la paix, mais que, pendant qu'ils donnaient des signes de leur soumission, le combat se soit engagé dans le vestibule, et qu'alors ils aient tiré sur la multitude qui était au dehors. C'est là ce qu'on aura appelé trahison. (*Note des édit.*)

(1) Le Recueil des pièces justificatives du procès de Louis XVI (premier inventaire, page 14) contient des détails à peu près semblables sur le premier feu et ce qui le précéda. (*Note des édit.*)

de dix mille sur la place Louis XV, sont mis en fuite par le feu de trois cents Suisses bientôt repoussés par les gendarmes qui se déclarent pour le peuple. Ceux-là, d'abord déguisés en Suisses, reprennent leurs habits noirs, et s'échappent par la galerie du Louvre qu'on n'avait pas eu soin de faire garder. On se bat dans le château; chaque coup, chaque gémissement porte l'inquiétude sur la place où la foule se presse ; enfin on entend le cri de la victoire : *Elle est à nous.* La clémence devait la suivre, la fureur l'accompagna. Pouvait-on arrêter la vengeance d'un frère couvert du sang de son frère, et l'indignation du peuple vengeant le peuple ? Au milieu des massacres il n'y eut de vraiment coupables que les lâches fugitifs pendant l'action, assassins après la victoire, et ces tueurs de cadavres qu'ils piquaient de leurs épées pour se donner les honneurs du combat. On massacrait dans les appartemens, sur les toits, dans les caves, les Suisses armés ou désarmés, les chevaliers, les valets, tous ceux qui peuplaient le château. Notre dévouement n'y put rien, nous parlions à des gens qui ne nous connaissaient plus. Après les premiers succès, la foule était devenue immense, et ses excès ont été imputés depuis aux seuls enfans de Marseille. Notre vie, en défendant les Suisses, était plus exposée peut-être que ne l'avait été une heure auparavant celle des assiégeans; car souvent on se méprenait sur nos intentions. Deux Marseillais pénètrent dans les chambres les plus reculées, ils y trouvent deux jeunes filles éplorées; le désir de les sauver se fait entendre dans leurs cœurs avant qu'elles leur aient demandé la vie ; ils les enlèvent dans leurs bras, et le sabre à la main ils traversent les appartemens, les colonnades, les cours, les jardins, les volontaires irrités, la multitude amoncelée, et les portent au-delà des Tuileries pour les rendre à la vie, à leur mère, à leurs amans. Bons jeunes hommes, cette action vous honore plus que la victoire que vous avez remportée (1) !

----

(1) Madame Campan, sa sœur, et leurs femmes de chambre furent sauvées de la même manière au 10 août, mais ce ne fut pas sans avoir couru les plus grands périls. Pour donner, dès à présent, une idée de l'intérêt répandu dans les Mémoires de madame Campan, nous en citerons le fragment qu'on va lire.

« Dans mon trouble, je crus, un moment avant l'entrée des » assaillans chez la reine, que ma sœur n'était pas dans le groupe » de femmes qui s'y trouvaient réunies. Je montai dans un entre- » sol où je croyais qu'elle s'était réfugiée ; je ne la trouvai pas dans » cette pièce ; je n'y vis que nos deux femmes de chambre, et l'un » des deux éduques de la reine, homme d'une très-haute taille et » d'une physionomie tout-à-fait martiale ; je le vis pâle et assis sur » un lit ; je lui criai : Sauvez-vous, les valets de pied et nos gens le » sont déjà. — Je ne le puis, me dit cet homme, je suis mort de » peur. — Comme il disait ces mots, j'entends une troupe d'hommes » monter précipitamment l'escalier ; ils se jettent sur lui, je le vois » assassiner. Je cours vers l'escalier, suivie de nos femmes ; les » assassins quittent l'éduque pour venir à moi : ces femmes se » jettent à leurs pieds et saisissent les sabres. Le peu de largeur de » l'escalier gênait les meurtriers, mais j'avais déjà senti une main » terrible s'enfoncer dans mon dos pour me saisir par mes vête- » mens, lorsqu'on cria du bas de l'escalier : *Que faites-vous là haut?* » L'horrible Marseillais qui allait me massacrer, répondit un *heim?* » dont le son ne sortira jamais de ma mémoire ; l'autre voix ré- » pondit ces seuls mots : *On ne tue pas les femmes.* » J'étais à genoux, mon bourreau me lâcha et me dit : *Lève-toi,*

Dirai-je de quelles sensations nous fûmes affectés, lorsque, après le bruit des premières décharges, on nous apporta le commandant du bataillon blessé, couvert de sang. *Ils sont tous tués*, nous disait-il, *ils sont tous tués !* Nous fîmes partir les amis qui nous entouraient pour rechercher les blessés et nous les amener; nous appelâmes un chirurgien habile pour les panser. On nous donna bientôt des nouvelles plus rassurantes. J'écrivis successivement à Marseille tous les événemens, et le soir j'expédiai un courrier extraordinaire, autant pour apprendre la victoire de la liberté que pour rassurer les familles des volontaires marseillais; car le bruit se répandait déjà qu'il en était tombé deux cents sur le champ de bataille (1).

» *coquine, la nation te fait grâce.* La grossièreté de ces paroles ne » m'empêcha pas d'éprouver soudain un sentiment inexprimable » qui tenait presque autant à l'amour de la vie qu'à l'idée que j'al- » lais revoir mon fils et tout ce qui m'était cher. » (*Note des édit.*)

(1) Cet attentat contre le trône agita tous les partis de sentimens différens : le 10 août excita la joie des uns ; les autres furent frappés d'une juste et profonde douleur. La Convention ordonna des fêtes et fit prononcer des éloges funèbres. La Suisse vient d'élever récemment un monument en l'honneur de ses soldats tués aux portes des Tuileries. Fidèles à notre système d'impartialité, nous donnerons le projet et le décret de la fête instituée par la Convention (lettre F); les six discours prononcés à chaque station du cortége par le président de la Convention nationale (lettre G); l'Éloge funèbre des citoyens morts au 10 août, par Chénier (lettre H), et une Notice sur le monument élevé à Lucerne, à la mémoire des gardes-suisses qui ont succombé en 1792 (lettre I).

Le récit des excès condamnables ou des pompes ridicules de la révolution, se trouvera rapproché ainsi des souvenirs de la fidé-lité.   (*Note des édit.*)

Cependant le corps législatif était resté calme au milieu de cette grande commotion. Le salpêtre tonnait, les boulets passaient au-dessus de la salle, et *Guadet*, et *Vergniaud*, et *Gensonné* présidaient successivement avec majesté l'Assemblée nationale, qui rendait les plus mémorables décrets. Vergniaud quitta le fauteuil pour proposer la suspension du roi et la réunion d'une Convention, dans un rapport préparé depuis plusieurs jours ; ce qui prouva bien que le comité de défense générale avait prévu les événemens et trouvé les moyens de sauver le peuple. Ces décrets furent rendus à l'unanimité, et le roi, relégué dans la tribune du logographe, en fut témoin ; il mangeait au moment du combat. Le soir on le logea avec toute sa famille dans les petites chambres des ci-devant Feuillans, et il s'y passa une scène qui eût fait rire si la journée n'avait pas été lamentable. Un ouvrier, en parcourant le château, avait trouvé une bourse de louis ; il cherchait le roi comme le maître de la maison pour la lui rendre. Il parvient d'appartemens en appartemens à celui qu'il occupait ; la sentinelle se refuse à le laisser entrer, il se glisse pourtant, il était seul, on vit bien qu'il n'était pas à craindre, on l'écouta. Le roi, appuyé sur ses deux coudes, le regarde : *Où est monsieur Véto ?* disait-il, *où est monsieur Véto ?* il l'aperçoit : *Ah ! te voilà, b..... de Véto, j'ai trouvé dans ton château une bourse de louis ; elle t'appartient, je te l'apporte. Si tu avais trouvé la mienne, tu n'en aurais pas fait autant,*

b.... de Véto ; et il se retira sans vouloir rien entendre (1).

Plusieurs officiers et soldats suisses s'étaient
réfugiés dans les comités, car la fureur publique poursuivait ceux même qui généreusement
avaient remis leurs armes. *Gensonné* et *Brissot*
eurent le bonheur de sauver un soldat : ils étaient
au comité diplomatique lorsque ce malheureux
fuyant la mort vint se jeter dans leurs bras. Ils l'en-
ferment dans une armoire, Gensonné lui apporte
du pain, le soigne, et le fait ensuite évader. Ce
Suisse devint gendarme ; et, par le plus singulier
hasard, il fut chargé de garder Gensonné lors de
l'arrestation des députés. Tous les jours il lui disait
de partir, il offrait d'être son guide, il voulait mourir avec lui. Touché de sa reconnaissance, Gensonné refusa ses offres par générosité : il ne s'est
pas enfui pour ne pas perdre ce bon Suisse. O
mon cher Gensonné! tu peux mourir victime des
scélérats, mais ils ne t'enlèveront pas le sentiment
de ta bonne action; ils n'effaceront point le souvenir profond de tes discours et de tes vertus; ils
ne t'arracheront pas, ils n'arracheront pas à tous
les proscrits, quelques efforts qu'ils fassent pour ter-
nir leur mémoire, le suffrage universel des hommes
de bien de tous les pays.

---

(1) C'est un devoir pour nous de laisser subsister de pareils traits
dans leur insolence imbécille et grossière , parce qu'ils peignent le
fanatisme politique dont le peuple était enivré.   (*Note des édit.*)

CHAPITRE VI.

Roland, Clavière, Servan furent rappelés au ministère par l'Assemblée législative ; elle donna les affaires étrangères à Lebrun, réfugié liégeois, également exercé par le malheur et l'habitude de la diplomatie ; la marine à Monge, bon examinateur des marins, mais inepte ministre ; et le département de la justice à Danton, serviteur de Lameth, puis de d'Orléans, mais qui ne voulait plus servir que sa propre ambition, et devait marcher à la dictature d'un pas égal avec Robespierre et Marat. Le choix de Danton a perdu la France : voyez cependant à quoi il a tenu.

Lorsque, dans le mois de décembre 1791, la cour, par une adresse perfide, se détermina à prendre ses ministres dans les jacobins, *Louvet* fut nommé au ministère de la justice : mais vingt-quatre heures après on lui substitua *Duranthon* de Bordeaux, soit qu'on voulût flatter la députation de la Gironde, ou qu'elle-même consultée eût indiqué ce personnage. La nomination de *Louvet* est un fait certain ; car *Hérault-Séchelles*, hermaphrodite révolutionnaire, qui suivait toutes les opérations du château, lui en écrivit pour le complimenter et lui demander pour son secrétaire la place de premier commis dans les bureaux de la justice. Or Louvet, étant ministre de la justice, aurait signé la fameuse lettre au roi ; il aurait été chassé comme Servan, Clavière, Roland ; comme eux la reconnaissance publique l'aurait rappelé au ministère ; Danton n'aurait pas été nommé, et nous n'aurions pas vu les massacres du 2 septembre, ni les conspirations nées de leur impunité.

Le lendemain de sa nomination, Roland m'appela auprès de lui, et m'offrit une place de principal secrétaire dans ses bureaux. Elles étaient alors très-avantageuses ; c'était un moyen sûr de m'avancer rapidement ; mais je m'étais donné à Marseille. Servir cette ville, la rendre florissante, faisait toute mon ambition. Je refusai donc l'offre de Roland. Toutefois, comme l'expulsion des anciens commis mettait en désordre ses bureaux, je fus aider les nouveaux secrétaires et rédigeai les premières proclamations par lesquelles le conseil exécutif cassa plusieurs directoires infidèles. Je fus témoin de la conduite de Roland envers *Dumouriez.* Celui-ci était bien certainement l'auteur de l'intrigue qui l'avait expulsé du ministère, ainsi que Clavière et Servan : mais depuis *Dumouriez* avait utilement servi la patrie ; il avait résisté aux ordres de la cour, et ses talens militaires présageaient des succès. Roland oublia son injure et proposa au conseil de nommer Dumouriez commandant en chef de l'armée. Dumouriez sauva la France aux gorges d'*Ar-*

gonne. Je parlerai ailleurs de ce général et des horribles manœuvres par lesquelles on est enfin parvenu à l'enlever à la France. Le plus habile capitaine de son temps mérite bien un chapitre dans ces Mémoires. Maintenant je dois suivre l'histoire des événemens.

Le 12 août le jeune Seymandi, de Marseille, nous fit dîner au Palais-Royal, Rebecqui, Pierre Baille, Bourdon, lui et moi. On agita dans la conversation la question de savoir comment on jugerait le roi. L'un voulait que les départemens nommassent des jurés et qu'on prît pour juges les présidens des tribunaux criminels qu'on aurait réduits par le sort. Un autre pensait qu'il fallait renvoyer Louis XVI au tribunal criminel de l'arrondissement des Tuileries. L'opinion de Rebecqui fut que le roi devait être jugé par la Convention, et le jugement revu par les assemblées primaires. C'est précisément la fameuse opinion de l'appel au peuple, soutenu depuis dans la Convention par les hommes les plus éclairés et le plus sincèrement attachés à leur pays. On applaudit à cette idée. Bourdon la trouvait admirable, et dans les conversations particulières il aimait à se l'attribuer; mais dans l'Assemblée il a voté différemment. Combien d'hommes dans cette affaire ont menti à leur conscience, entre autres *Barrère* qui, dans les premiers jours de la réunion du comité de constitution, soutenait fortement qu'il fallait expulser le roi, et non le faire mourir, et qui cependant a voté sa mort! Je cite l'anecdote du dîner, et surtout les témoins,

parce qu'on a publié, surtout à Marseille, que
l'opinion de l'appel au peuple nous avait été ins-
pirée par des intrigans, que sais-je, par l'Angleterre? tandis qu'il est bien vrai que cette opinion
était à nous depuis long-temps. Rebecqui est certainement le premier homme de France à qui cette
idée soit venue, car le 12 du mois d'août, deux
jours après la victoire des Tuileries, personne sans
doute ne pensait encore ni au jugement du roi, ni
à l'appel au peuple.

Ma mission était finie, puisque la tyrannie était
abattue. Avant de partir, je dénonçai à l'Assemblée
nationale Blanc Gilly, député du département des
Bouches-du-Rhône, qui, successivement patriote par
excès, fanatique par ignorance, royaliste par corruption, avait écrit, dans plusieurs lettres dénoncées
par ses propres amis, que le roi de Prusse arriverait
bientôt à Paris pour punir la France de la révolution de 89. Il est à remarquer que Blanc Gilly y avait
concouru et fut persécuté pour elle. Il prétendait
que les diamans de la couronne lui répondaient de
ses dommages; sans doute on l'avait acheté à un moindre prix. L'Assemblée nationale le décréta d'accusation; mais il se déroba à ce décret par la fuite. J'ai
lieu de croire qu'il avait fabriqué la liste des Marseillais à proscrire, qui fut trouvée aux Tuileries, et
dans laquelle je figurais honorablement. On croyait
aussi à Marseille qu'il avait trempé dans la conspiration découverte vers la fin de juillet. Des factieux
devaient s'emparer des canons et égorger le maire;

mais je ne puis assurer que cette opinion contre Blanc Gilly fût juste, car je n'ai jamais connu les détails de la conspiration. J'ai seulement su que la fureur du peuple avait fait périr plusieurs personnes. Jour de deuil pour la loi, lors même que la vengeance est légitime; jours terribles dans un pays où les excès suivent les excès, et où, en effet, le massacre des hommes haïs ou suspectés devint un exercice de tous les jours.

Nous terminâmes aussi l'affaire de Rebecqui et de Bertin; ils furent rétablis dans leurs fonctions de commissaires à Avignon, et le directoire du département de la Drôme, qui les avait dénoncés, fut soumis à payer les frais de leur voyage et séjour à Paris. Enfin nous partîmes le 17 août, bien persuadés que Robespierre et Marat, cachés le 10, mais qui depuis s'étaient jetés dans la commune, allaient offrir aux Parisiens des poignards, en consolation de leurs maux, et perdre par le crime une révolution qui ne pouvait se maintenir que par la vertu.

A Avignon, Rebecqui fut reçu comme un libérateur; on illumina la ville. Depuis il en a été chassé par l'ingratitude qui se disposait à le livrer aux assassins envoyés dans les départemens sous le nom de commissaires de la Convention.

Nous arrivons à Marseille : je cours rendre mon premier hommage aux magistrats du peuple. Je vois, j'embrasse ma mère (1). La bonne mère! elle m'an-

____

(1) Catherine Pons, veuve Barbaroux. Louvet, dans ses Mé-

nonce, au milieu de ses caresses, que j'ai le bonheur d'être père. A mon départ Annette était enceinte ; ma mère soigna mon amie, et depuis dix jours j'avais un fils.

Une année presque entière s'est écoulée sans que j'aie pu savoir ce qu'il est devenu ! Vit-il encore ? La fatalité qui me poursuit l'aura-t-elle épargné ? Mes cruels persécuteurs n'auront-ils pas assouvi la soif de mon sang dans le sang de mon fils ? De quels crimes en effet ne sont-ils pas capables ? quelle tête innocente ont-ils respectée ? qu'y a-t-il de sacré pour eux sur la terre ? O mon fils ! si tu peux échapper aux dévorantes calamités de ton pays, écoute : Ne venge pas ton père, venge la liberté (1), quelque part que tu trouves un des brigands qui l'ont perdue, encore dominateur, encore assassin, ou fugitif sur

moires ; Camby, dans son voyage dans le Finistère, font l'éloge de la belle exaltation de son amour maternel. Cette femme, également remarquable par ses malheurs et ses vertus, me reçut lorsque je naquis, suivit mon père proscrit, ferma les yeux à ma mère, soigna mon enfance. Occupée des plus cruels souvenirs, mais animée du plus noble patriotisme, elle me montra chaque jour le modèle qui devait guider toute ma vie, dût-ce être au même prix.

Elle est décédée à Marseille le 29 octobre 1820, pleurée de tous ceux qui la connaissaient.

Je me fais un devoir de consacrer ici ma reconnaissance pour elle.

C.-O. BARBAROUX.

(1)   Que si, d'un nouveau Robespierre,
Ton pays était tourmenté,
Mon fils, ne venge point ton père,
Mon fils, venge la liberté.
(*Hymne de mort de Louvet. Voyez ses Mémoires.*)

une terre barbare ; car quel peuple civilisé voudrait les accueillir? Frappe, ils nous ont remis **dans le** droit naturel, nous, toi, tous les enfans de leurs malheureuses victimes. Frappe; mais, les tyrans punis, reviens à ta charrue. Ils m'ont enlevé le petit champ que je tenais de mes pères; si tu le recouvres, cultive-le de tes mains : le bonheur n'est que là. Le peuple ne mérite pas qu'on s'attache à lui, car il est essentiellement ingrat; ni qu'on défende ses droits, car on en abuse. J'ai vu les Français, sensibles hier, boire aujourd'hui le sang des plus hommes de bien. Il faut servir nos semblables par l'exemple de nos vertus; s'ils souffrent, il faut les secourir : mais vouloir conduire à la liberté un peuple sans mœurs, qui blasphème Dieu et adore Marat, c'est la plus absurde folie. Cette populace n'est pas plus faite pour un gouvernement philosophique, que les lazzaroni de Naples et les anthropophages de l'Amérique. Dresse un autel à la liberté dans ta maison, sois homme de bien, laboure la terre qui te nourrira, étudie un peu les sciences qui t'élèveront vers Dieu, et partage ton pain avec les enfans de mes malheureux amis égorgés par les nouveaux tyrans. Voilà tous mes préceptes. Mon fils, si tu vis, reçois les tendres embrassemens de ton père.

La nouvelle de mon arrivée s'étant répandue, les meilleurs patriotes accoururent pour m'embrasser. Ma maison était entourée et remplie de citoyens. On amena un corps de musique. On chanta des chansons provençales qu'on avait faites en mon honneur, et l'hymne des Marseillais. Les mêmes témoignages furent prodigués à Rebecqui. Je me souviens toujours avec attendrissement qu'au dernier couplet de l'hymne, lorsqu'on chante

> Amour sacré de la patrie,
> Soutiens, conduis nos bras vengeurs ;
> Liberté, liberté chérie,
> Combats avec tes défenseurs,

tous les citoyens se mirent à genoux dans la maison et dans la rue. J'étais alors debout sur une chaise où l'on me retint : Dieu ! quel spectacle ! des larmes coulèrent de mes yeux. Si je fus pour eux en ce moment comme la statue de la liberté, je puis m'honorer au moins de l'avoir défendue de tout mon courage. Liberté, vertu, droits sacrés des hommes, vous n'êtes plus aujourd'hui que de vains noms !

Il s'en fallait de beaucoup que la ville ne renfermât que des patriotes semblables à ceux-ci, et n'offrît que le tableau de la fraternité. Une bande de scélérats, vomis des maisons de débauche, dominait Marseille par la terreur. Il n'y avait pour eux ni lois, ni magistrats ; forts du silence du maire, vieillard soupçonneux, à qui l'on faisait croire que le complot de le tuer se renouvelait chaque jour, et du délire du peuple toujours prompt à frapper ceux qu'on lui désigne comme ses ennemis, ils pendaient sans obstacle les hommes qui leur déplaisaient, et profitaient de la consternation publique pour rançonner les riches. Dès que nous connûmes ces horreurs, nous

songeâmes, avec Rebecqui, aux moyens de les réprimer. Mais, il faut le dire, il n'y avait ni assez de
courage dans les hommes de bien, ni assez de vertu
dans les corps administratifs pour qu'on pût attaquer
de front les brigands. Il fallut se borner à leur opposer des digues dont ils ne pussent pas s'irriter; nous
conseillâmes l'établissement d'un tribunal populaire
dont les jurés et les juges seraient nommés par les
sections. Cette idée plut, on l'adopta. Heureuse institution! elle a épagné bien des crimes aux méchans,
bien des larmes à des familles respectables. Des commissaires de l'Assemblée législative avaient fait arrêter, sur des soupçons très-vagues, des citoyens dans
les départemens voisins de Marseille, où on les avait
conduits. Ils eussent été massacrés sans ce tribunal;
mais leur conduite mieux examinée n'offrit rien qui
ne fût honnête, et le peuple, en leur apportant des
couronnes de laurier, confirma le jugement qui les
avait absous. C'est ce même tribunal qui, depuis devenu terrible aux anarchistes, a été proscrit par les
dominateurs de la Convention. Pourquoi faut-il que
les meilleures institutions soient lentes à s'établir? Un
mois se passa avant l'organisation de ce tribunal, et
bien des malheureux furent victimes des scélérats
pendant que nous étions à l'assemblée électorale.

Avant de m'y rendre, je fus avec ma mère, avec
quelques amis, présenter mon fils à l'église; car les
officiers publics n'étaient pas encore établis. Le bap-
tème n'est rien aux yeux des philosophes; mais la cérémonie, quelle qu'elle soit, par laquelle on transmet

son nom à son fils, est bien intéressante pour un père. Le mien fut appelé Ogé Barbaroux.

Ogé était un homme de couleur, venu de Saint-Domingue en France avec Raymond, pour y réclamer des droits que Louis XIV lui-même n'avait pas méconnus. Il combattait avec les armes de la raison les affreux systèmes de l'hôtel *Massiac*, lorsqu'il apprit que la persécution ou l'intrigue des blancs avait fait soulever quelques mulâtres : il part pour arrêter un mouvement qui pouvait rendre odieuse la plus belle cause, et pour sauver à la fois les blancs et ses frères. A son arrivée les choses étaient trop avancées pour tenter un accommodement; les blancs avaient eux-mêmes soulevé les ateliers des hommes de couleur; les premiers, ils avaient donné le signal de l'insurrection des nègres, qu'ils ont ensuite voulu attribuer aux écrits des philosophes et aux mulâtres. Ogé, à la tête des siens, fut d'abord victorieux : il enveloppe un parti de blancs, le fait prisonnier, lui pardonne et le renvoie. Peu de temps après il est lui-même enveloppé par les blancs, il est pris, et les blancs le font expirer sur la roue. J'ai voulu que mon fils portât son nom avec le mien, parce que c'est celui d'un brave homme qui sentait sa dignité et savait la défendre. Puisse-t-il un jour, en recherchant les motifs de mon choix, gémir de la conquête de l'Amérique, la plus affreuse des calamités humaines; penser qu'il y reste encore des esclaves à soulager : et puisqu'il est trop certain que les rapports établis entre les deux mondes ne peuvent entièrement se rompre, étudier au moins les moyens de changer en une communication réciproque de biens, ce qui n'a été jusqu'à présent qu'une horrible transmission de maux, de crimes et de productions dégouttantes de sang.

Le corps électoral tint ses séances à Avignon. J'y fus envoyé en qualité d'électeur par la quinzième section. Après les premières formalités, l'assemblée me nomma président à l'unanimité. Si elle s'était bornée à l'élection des députés, je n'en ferais aucune mention ; mais, poussée par le malheur des temps, elle exerça de grands pouvoirs, elle me confia à moi-même une grande autorité. Je dois donc dire ce qu'elle fit, et rendre compte de ma conduite.

Dès la seconde séance on annonça des troubles à Tarascon où la révolution ne manquait pas d'ennemis. Des lettres successives nous apprirent l'insurrection de plusieurs villages, les excès commis dans quelques autres, la complète désorganisation d'un bataillon du département, dont les compagnies s'étaient entretuées à Arles, et l'existence de beaucoup de manœuvres dans le département. Son directoire était sans énergie, les districts sans confiance, les municipalités sans talens. Il n'y eut qu'une voix pour s'emparer de l'autorité publique. On argumentait surtout de l'état de révolution où se trouvait la France depuis le 10 août. On faisait valoir la nécessité de comprimer les troubles par de grandes mesures. L'autorité plaît, l'assemblée s'en empara. Elle me chargea ensuite de l'exécution de ses arrêtés : c'était m'investir du pouvoir exécutif. J'acceptai dans l'espérance d'empêcher quelque mal ; mais je voulus qu'on me nommât un conseil de douze personnes. L'assemblée m'en ayant laissé le choix, je les pris dans les divers districts, et parmi les personnes les plus sages.

Qu'on se représente une réunion de neuf cents personnes, en général peu instruites, n'écoutant qu'avec peine les gens modérés, s'abandonnant aux effervescens, et, dans cette assemblée, une foule d'hommes avides d'argent et de places, dénonciateurs éternels, supposant des troubles ou les exagérant pour se faire donner de lucratives commissions ; des intrigans habiles à semer la calomnie, de petits esprits soupçonneux, quelques hommes vertueux, mais sans lumières ; quelques gens éclairés, mais sans courage ; beaucoup de patriotes, mais sans mesure, sans philosophie : tel était le corps électoral du département des Bouches-du-Rhône. Un trait le peindra mieux que ce tableau très-imparfait. A la nouvelle des massacres du 2 septembre, il fit retentir la salle de ses applaudissemens. Cependant je parvins à diriger cette assemblée ; mais je dois le dire, c'est par l'ascendant immense que me donnait l'honorable opinion de Marseille.

On arrêta d'envoyer douze cents hommes à Tarascon. Dans une seule nuit les réquisitions furent faites aux communes voisines, leurs contingens rassemblés, les canons, les munitions, les vivres expédiés. On n'avait pas lu le procès-verbal, et l'armée était en marche. J'eus grand soin de donner aux commissaires des instructions détaillées. Nous étions d'accord sur les moyens à employer; ils ne devaient être ni rigoureux ni lâches; aussi la réussite en fut-elle complète. Dans une autre expédition qu'on fit à *Nove* et dans les lieux voisins, j'appris que le commissaire nommé pouvait avoir le dessein d'exercer des vengeances personnelles; je lui adjoignis un électeur recommandable par sa sagesse, et l'assemblée approuva tout. Ma correspondance avec ces commissaires était de tous les instans : il me fallait aussi donner connaissance de ces opérations au directoire du département, aux districts, aux municipalités intéressées, aux sociétés populaires dont il fallait ou mouvoir, ou retenir le patriotisme; aux commandans des gardes nationales ou des troupes de ligne. Cette correspondance était encore accrue par celle des corps électoraux voisins, et d'une foule de communes qui nous exposaient leurs besoins ou nous consultaient. C'étaient toujours de nouveaux courriers extraordinaires qui venaient interrompre deux ou trois fois la nuit un sommeil de trois heures.

Un jour qu'on procédait aux élections, des cris tumultueux se font entendre : *C'est un contre-révolutionnaire d'Arles; il faut le pendre.* On avait en effet arrêté sur la place un Arlésien, on l'avait amené dans l'assemblée, et l'on descendait une lampe pour l'accrocher. Je rappelai de toutes mes forces le corps électoral à sa dignité ; je déclarai que l'accusé était sous la sauvegarde de la loi ; je fis entrer la force armée pour le saisir ; et me tournant vers *Rebecqui* et *Bertin*, commissaires organisateurs des districts de Vaucluse et de Louveze, je leur dis que cet homme était leur justiciable. Ils s'en emparèrent en effet, et le conduisirent à leur hôtel pour l'interroger ; je nommai quatre électeurs commissaires pour calmer sur la route les mouvemens du peuple, et assister à l'interrogatoire. C'était en effet un des adhérens de la chiffonne d'Arles ; mais, sans moyens, il était incapable de faire aucun mal. Il paya son imprudente curiosité par quelques jours de prison.

Il se passait à Marseille des scènes bien autrement déplorables. Le tribunal populaire n'était pas organisé, et les tueurs y exerçaient encore leur puissance. *Camon*, ce secrétaire dont j'ai parlé, qui venait dans mes conversations domestiques recueillir ce qui était relatif à la municipalité de Marseille, et le vendait au général Lieutaud, fut pendu. Il ne méritait que quelques années de fers. Bremond Julien éprouva le même sort. J'ai dit quels étaient ses talens et ses erreurs. Il avait forcé le peuple à le haïr ; mais quels que fussent ses torts envers moi, je ne le haïssais pas. Je gémis de la fatalité qui me tenait éloigné de Marseille lors de son arrestation. Le ciel m'est témoin que j'eusse tout fait pour le sauver. J'eus ce bonheur pour un autre homme, et ne résiste pas au plaisir de le raconter.

Lorsque Lieutaud fit attaquer le club en 1790, l'homme qui se distingua le plus dans cette entreprise était un nommé *Blanchet*, domestique de *Philips*, aide-de-camp du général. Blanchet fut décrété de prise de corps, il prit la fuite ; et ses affaires, qui commençaient à prospérer, car son état de domestique ne l'empêchait pas de faire un petit commerce, furent entièrement ruinées. Après six mois d'exil, de souffrances, de maladie, on le crut assez puni d'un excès auquel il ne s'était porté que par ignorance. Le club fut indulgent et consentit à son retour. Depuis, Blanchet avait repris son commerce, sa conduite était bonne ; mais les pendeurs cherchaient des victimes ; ils se souvinrent de son ancienne affaire et résolurent de le pendre. J'allais partir pour Avignon, lorsque Blanchet tout éploré me fit part de sa position. Je supposai qu'il m'avait écrit, je lui remis en réponse une lettre ostensible, dans laquelle je rendais compte de sa conduite. J'ajoutais qu'il m'avait souvent accompagné dans la nuit pour me garantir des attaques des malveillans, et le fait était vrai. A peine j'étais sorti de Marseille, qu'on l'arrêta avec son maître. On le conduit au Palais devant les juges de paix, formalité qu'on remplissait toujours pour mieux se jouer de la loi : Blanchet se défend avec ma lettre. Un juge de paix s'avance sur le balcon et la lit au peuple assemblé sur la place. On crie de toutes parts que Blanchet et son maître sont innocens. Les bourreaux sont forcés de les lâcher, et le peuple, au lieu de les conduire à la mort, les promène en triomphe et leur distribue des couronnes de laurier. Que n'ai-je pu donner de pareilles lettres à tous les proscrits !

Les élections étaient terminées. Pourquoi faut-il que nous ayons à nous reprocher, Rebecqui et moi, de les avoir influencées? Mais on cabalait pour des êtres si méprisables, que nous crûmes devoir soutenir des candidats qui nous paraissaient mieux valoir. Excepté deux ou trois hommes dont la réputation n'avait besoin d'aucun appui, nous nous trompâmes cruellement sur tous les autres. Les députés furent :

Mouraille, maire de Marseille, à qui son âge et sa surdité ne permirent pas d'accepter.

Duprat, maire d'Avignon : il avait été brave soldat dans les guerres civiles, il fut magistrat impartial dans ses fonctions publiques. Aucun massacre ne souilla sa mairie dans un pays où tant d'excès avaient excité tant de haines. Son sort fut toujours d'être persécuté par les contre-révolutionnaires. Aussi a-t-il été décrété d'accusation par la montagne.

Rebecqui, *Barbaroux*, tous deux proscrits.

Granet, homme de sang sous l'enveloppe d'un philosophe : celui-là a tout méconnu, patrie, amis, défenseurs ; il a tout sacrifié à la montagne. Il siégea à son sommet, applaudissant à tous ses crimes ; mais refusant toute fonction dans les comités, peut-être pour échapper au reproche de les avoir commis.

Durand Maillane, ex-constituant estimable ; mais

qui n'a eu de fermeté que dans son opinion pour la réclusion de Louis XVI.

Moïse Bayle, homme inepte, mais souple, à qui toutes les opinions sont égales, pourvu qu'on le paie et l'applaudisse. Il a fait imprimer, dans l'affaire du roi, deux opinions dissemblables, l'une antérieure à l'examen de cette question, pour s'approprier quelques idées du comité, l'autre plus récente pour capter la faveur des jacobins.

Pierre Baille; j'ai rapporté un mot qui le peint. Il était proconsul à Toulon d'où il écrivait : *Tout va bien ici, le pain manque.*

Gasparin, ci-devant officier d'infanterie, puis député aux Assemblées législative et conventionnelle. Lors du fameux décret de *Gensonné*, qui excluait pour six ans de toutes fonctions publiques les députés à la Convention, il donna sa démission de capitaine; puis il provoqua, avec tous les montagnards avides, le rapport du décret, et, l'ayant obtenu, il demanda et obtint de *Pache* la place d'adjudant-général. Il est aujourd'hui chef de brigade. J'ai vu les lettres par lesquelles il demandait le premier de ces grades. Depuis il a paru à Marseille en qualité de proconsul.

Deperret, républicain ardent, honnête homme, bon père, bon ami; il a toutes les qualités qui doivent concilier l'estime publique, et il est décrété d'accusation !

Rovère : sa conduite pendant les guerres civiles d'Avignon nous avait donné de lui une bonne idée;

mais son intérêt personnel, et non celui de la liberté, était son mobile. Il n'a servi qu'avec les soldats du *Pape,* dans la garde du vice-légat, et il est aujourd'hui colonel d'une légion.

Carra : on élut celui-ci pour exclure quelques intrigans subalternes. Mais il avait accepté la nomination du département de Saône-et-Loire. Carra est un homme qui veut le bien, mais qui n'ose pas le faire. Son journal, qui pouvait si bien servir la liberté, a concouru à la perdre par sa faiblesse.

Les suppléans furent :

Dubois-Crancé. Nous nous étions opposés à la nomination de celui-ci. Nous avions dit qu'un militaire qui, dans le péril de la patrie, demandait à quitter l'armée pour passer dans le sénat, n'était qu'un intrigant. Nous sommes-nous trompés ?

Laurent Bernard. Il a remplacé Mouraille dans l'assemblée. C'est un homme d'un âge très-mûr, qui a voyagé sans acquérir des connaissances, et s'est placé à la montagne sans être méchant. Il n'a jamais rien dit ni rien fait, si ce n'est d'avoir voté constamment comme la faction.

Pélissier. Il a remplacé Carra. Il votait un jour contre la montagne, un jour contre le côté droit. On aurait pu croire que c'était faiblesse. Sans courage, il a constamment prostitué son opinion aux circonstances du moment.

Mainvielle. Il a remplacé Rebecqui, qui donna sa démission après la conjuration du 10 mars. Peu d'hommes ont aussi courageusement combattu pour la liberté; mais, dans une rixe particulière, il a donné un coup de poing au jacobin Duprat, frère et ennemi du député; il est en conséquence décrété d'accusation.

Tels furent les choix du corps électoral du département des Bouches-du-Rhône. Il voulut ensuite se déclarer permanent; mais les observations que je fis, et plus encore la force des choses qui rappelaient chacun à ses affaires, firent rejeter cette proposition. Pourtant, avant de se séparer, il me donna bien du souci, par un arrêté que provoqua *Moïse Bayle*, président de l'assemblée, pendant que j'interrogeais les officiers en garnison à Arles sur la malheureuse rixe des compagnies de leur bataillon. Cet arrêté attribuait à chaque électeur le pouvoir de suspendre dans son canton les fonctionnaires publics, et d'ordonner des arrestations. Il me fallut lutter contre l'amour-propre de chacun. Cependant je parvins à atténuer beaucoup cette autorité monstrueuse dans les pouvoirs que je délivrai. Aussi n'ai-je pas entendu dire qu'elle ait été funeste.

Le hasard me fournit, dans ces dernières séances, l'occasion d'énoncer des vérités trop rapidement oubliées. Un Marseillais écrivit de Paris contre Robespierre à la société de Marseille. La société incertaine s'en remit à mon opinion, et me chargea de lui dire ce que je pensais de cet homme. La lettre, adressée au président du club électoral, fut lue par les secrétaires, et l'assemblée exigea que je lui

manifestasse l'opinion dont je ferais part au club.
Je ne balançai pas; je rapportai les tentatives faites
par Robespierre auprès de Rebecqui, de Pierre
Baille et de moi pour s'élever à la dictature par les
Marseillais. Pouvait-on croire qu'il eût cessé d'être
tourmenté de cette ambition, lorsqu'on voyait par
les nouvelles publiques qu'à la tête de la commune
de Paris, il tendait à dominer le corps législatif?
Pourquoi ces essaims nombreux de commissaires
de Paris exerçant dans les départemens une domination sans bornes, et surtout vantant Robespierre?
Pourquoi les calomnies déjà semées partout contre la
prochaine Convention, et ces affiches de Marat qui
demande ouvertement un protecteur? Était-ce donc
pour un maître, ou pour la liberté, que les Marseillais avaient versé leur sang au 10 août? Était-ce
pour l'égalité des droits entre les départemens, ou
pour un gouvernement municipal qui les soumet-
trait à Paris comme les provinces à Rome? Ensuite
je traçai le caractère de Robespierre, avide de vengeances, de domination et de sang, et je prédis
qu'il deviendrait le tyran de son pays, si la Convention n'avait le courage de le frapper. Sans
doute ce discours fit impression, puisque à l'instant on résolut d'envoyer un bataillon pour
protéger la Convention nationale. Ce bataillon fut levé et partit peu de jours après les députés.

Je ne restai que cinq jours à Marseille, sans cesse
entouré de tous ceux qui m'étaient chers. Il fallut

les quitter! Je dis adieu au peuple qui me bénissait, qui bientôt devait me proscrire, à ses magistrats, à ma mère, à mon fils, à mon Annette, à ma bonne famille, à mes amis de vingt ans. Je dis adieu à la terre qui m'avait vu naître, au beau ciel de Provence, témoin de ma vie irréprochable, à mes livres, à mes instrumens de physique, à mes minéraux, objets chers à mon esprit qu'ils avaient si agréablement occupé; à la petite campagne d'une de mes tantes, où j'avais si souvent retrouvé la paix qui fuit les villes, et les plaisirs innocens cachés sous ces ombrages. Hélas! qui m'aurait dit que ces adieux devaient être éternels! O mon pays, puissent les malheurs qui me poursuivent s'éloigner de toi, et puissé-je expier seul, par ma mort, tes belles actions que les brigands changent en crimes, et les crimes trop réels de ces enfans dénaturés qui déchirent le sein de leur patrie.

FIN DE LA SECONDE PARTIE.

Nota. La troisième partie de ces Mémoires doit renfermer l'histoire extrêmement curieuse de la Convention ; mais, pour la rédiger, il me faudrait avoir le journal de ses séances. Je suis donc forcé de renvoyer ce travail à un autre temps ; cependant j'écrirai quelques chapitres qui seront intercalés à leur place : à mon défaut, un ami pourra compléter cet ouvrage. Maintenant je vais passer de suite à la quatrième partie, observant que dans l'arrangement de tout l'ouvrage le chapitre suivant pourra bien se trouver dans la troisième partie (*).

(*) Ce travail si curieux, si regrettable, est celui que, d'après la lettre de M. de La Hubaudière, et qui suit l'Avertissement, on n'a plus aujourd'hui l'espoir de recouvrer.

Copie conforme au manuscrit resté entre mes mains.

C.-O. BARBAROUX.

ÉCLAIRCISSEMENS HISTORIQUES

ET PIÈCES OFFICIELLES.

Note (A), *page* xxv.

Charles Barbaroux, de Marseille, député par le département des Bouches-du-Rhône à la Convention nationale, aux citoyens de Marseille.

MARSEILLAIS,

Au milieu des nouvelles persécutions dont je m'honore d'être la victime, je n'ai pu répondre aux témoignages d'estime que vous m'avez donnés. Ma réponse est dans mes actions : c'est en combattant la nouvelle tyrannie qui s'est élevée dans Paris ; c'est en portant, dans les départemens où j'ai pu pénétrer, la statue brisée de la liberté ; c'est en ralliant les Français autour d'elle pour la relever ; c'est en la couvrant de mon corps, et en mourant pour elle, que je suis, que je serai digne de vous.

Hélas ! elles se sont accomplies toutes mes fatales prédictions. Nous sommes livrés aux puissances étrangères par les hommes que j'ai constamment dénoncés, et qui m'ont aussi constamment persécuté. Il existe à Paris un comité formé par Calonne, et composé d'étrangers. C'est lui qui, coalisé avec les dictateurs de Paris et ses infidèles magistrats, commande ou apaise les révoltes contre la représentation nationale ; dirige les bureaux de la guerre et de la marine ; dévore nos finances ; anéantit, par l'agiotage, le crédit public ; détruit, par des mesures scélérates, la masse de nos subsistances ; spécule enfin sur les fournitures de nos armées, et les laisse constamment manquer de tout, tandis que nous dépensons pour la guerre 50,000,000 par mois. L'existence de ce comité des puissances étrangères au milieu de Paris n'est plus un problème. Tous les individus qui le composent sont connus : l'un d'eux, le comte de Gusman, Espagnol, distribuait des assignats de 5 liv. aux soldats qui assiégeaient la Convention nationale le 2 juin, en présence même des représentans du peuple, repoussés par les baïonnettes du commandant Henriot, et par les boulets qu'on rougissait sur la place de la Révolution. Proli, fils naturel du prince de Kaunitz, ministre de l'empereur ; Baron, intime ami de Calonne ; Desfieux, jadis vendu au tyran, ainsi qu'il résulte des pièces trouvées aux Tuileries dans l'armoire de fer ; Loys, dont le frère opéra la révolution d'Arles ; Hassenfratz, premier commis de Pache, pendant son exécrable ministère ; Pio, jadis secrétaire d'un ambassadeur de Naples à la cour de France : tels sont les autres membres de ce comité ; et voilà les hommes qui, avec Marat, Danton, Robespierre et Lacroix, trahissent et dévorent la république.

Eh ! faut-il d'autres preuves de la coalition de Paris avec les puissances étrangères, que les événemens de la Vendée ? D'abord on nous cache les forces des rebelles : quelques bataillons devaient les détruire : on nous fait porter une loi de mort, non-seulement contre les chefs des révoltés, ce qui était juste, mais contre les paysans égarés par eux, et de cette manière on les pousse au désespoir. On envoie contre eux des bataillons de nouvelle levée, que les rebelles désarment et renvoient, comme celui d'Eure-et-Loire, qu'on avait dit écharpé, et qui est retourné presque tout entier dans son département. On retire de l'armée du Nord, déjà trop affaiblie par la trahison de Dumouriez, douze mille hommes, qui sont pris six hommes par compagnies, et qui, par conséquent, forment des bataillons désorganisés et sans force. On place de vieux soldats couverts de haillons à côté de troupes nouvellement habillées, pour exciter entre eux de funestes divisions. Eh ! qui les commande ? c'est Biron ; Biron, la créature, l'ami de Philippe, chargé de réprimer une révolte excitée par l'or de Philippe. Qui les commande ? c'est Santerre, le même qui abandonna les Marseillais dans la journée du 10 août, et alla se faire reconnaître commandant à la Ville, au lieu de se battre au Carrousel ; Santerre qui vient de livrer aux rebelles Saumur, sa citadelle, et quatre-

vingts pièces de canon. Et quels sont les agens du Conseil exécutif envoyés pour diriger l'action des armées contre ces rebelles ?
c'est un nommé Feurthier, qu'un capitaine d'infanterie a fait arrêter
aux Sables, en lui disant : « Malheureux, le 10 août tu m'as offert,
aux Tuileries, une cocarde blanche et un poignard. » Et Feurthier
a été mis en liberté par l'ordre de deux autres commissaires !....

C'est un autre scélérat, arrêté à Nantes, et sur lequel on a
trouvé un passe-port pour pénétrer dans l'armée des rebelles, et
un cachet aux armes de l'empire, pour leur faire passer sa criminelle correspondance.

Combien d'autres faits je pourrais vous citer ! mais pour qui donc
les trahisons des dominateurs de Paris sont-elles encore un doute ?
pour qui leurs calomnies envers nous ne sont-elles pas usées ?
Accapareurs de toutes les places, pour eux ou pour leurs parens,
ils nous appelaient intrigans, nous qui avions fait décréter que les
représentans du peuple seraient exclus de toutes les places pendant
six ans ! Gorgés d'or, et dans leurs superbes voitures, ils nous
accusaient de corruption, nous qui vivions du pain des pauvres,
et parcourions les rues en vrais apôtres de la liberté ! Fabre d'É-
glantine, dont le frère, vendeur d'orviétan à Commerci, est aujourd'hui colonel à Commerci ; Fabre d'Églantine avouait à Marat,
dans le comité de salut public, 12,000 liv. de rentes, acquises
dans une seule année ; et Brissot restait trente-six heures à Paris,
sous le couteau des assassins, faute d'argent pour son voyage.
Danton se mariait et constituait à sa femme 1,400,000 liv. de dot,
le même jour où je recevais, pour sortir de Paris, un secours d'argent au nom de Marseille, et de la main de ses commissaires.
Marseillais, voudriez-vous courber votre tête sous la verge de ces
vils dominateurs ? César, Cromwel furent des tyrans exécrables ;
mais ceux-là sont mille fois plus exécrables encore, qui n'ont
d'autres victoires à citer que les assassinats du 2 septembre, d'autres trophées que les dépouilles des malheureux Belges, et d'autres
titres à la reconnaissance des peuples que des crimes, et puis encore des crimes.

Savez-vous quel est le but de ces trames dirigées de l'Angleterre
par Pitt ? C'est de diviser la France en deux portions : d'établir au
Nord une monarchie, sur les cadavres des Normands et des Bre-

tons, et de laisser le Midi se constituer un autre gouvernement, qui sans cesse aurait à combattre le gouvernement du Nord. Ainsi, la France morcelée cesserait de peser dans la balance de l'Europe, et nos richesses passeraient, avec notre commerce, dans les mains des Anglais. Voyez avec quelle perfidie ils suivent ce système ! Déjà, depuis Machecoul jusqu'à la Sarthe, les rebelles, favorisés par les traîtres, occupent les rives de la Loire ; et, s'il faut en croire les menaces des agens du Conseil exécutif, Nantes sera punie d'avoir repoussé la doctrine de Marat ; et, en effet, les rebelles l'assiégent. Tours, Blois, Orléans, Paris forment la continuation de cette barrière que les dictateurs élèvent entre le Nord et le Midi. Ces villes sont maratisées, c'est-à-dire que la terreur, la corruption et les proconsuls y ont comprimé le ressort des ames honnêtes, et brisé le frein des ames scélérates. Enfin, depuis Paris jusqu'à la frontière du Nord, tout a été disposé pour livrer notre sol aux ennemis. Heureusement Custine commande sur cette frontière.... Ils espéraient donc, les dictateurs de Paris, que les hommes du Nord et du Midi verraient tranquillement s'élever entre eux une barrière de séparation ! Encore un moment, et la barrière sera renversée..... Français, levez-vous, et marchez à Paris.

Marchez à Paris, non pour combattre les Parisiens qui vous tendent les bras, mais pour fraterniser avec eux, mais pour les délivrer de l'oppression de leurs tyrans, mais pour jurer avec eux, avec les hommes du Nord, l'unité et l'indivisibilité de la république. Bretons, Marseillais, vous avez, le 10 août, sur la place du Carrousel, vaincu la tyrannie des rois ; c'est là que le rendez-vous est donné pour vaincre encore la tyrannie des dictateurs.

Marchez à Paris, non pour dissoudre la Convention nationale, mais pour la réunir, mais pour assurer sa liberté, mais pour la rendre respectable comme le peuple qu'elle représente, jusqu'au moment où les assemblées primaires auront nommé des successeurs aux représentans du peuple.

Marchez à Paris, non pour soustraire les députés proscrits au glaive de la loi, mais pour exiger au contraire qu'ils soient jugés par un tribunal national ; mais pour faire juger aussi tous les représentans du peuple, tous les ministres, tous les administrateurs de Paris. Il faut que tous les hommes dont la fortune s'est accrue dans leurs fonctions publiques, restituent ce qu'ils ont volé. Il faut que les assassins soient punis et les dictateurs précipités de la roche tarpeïenne.

Pardon pour les hommes égarés : justice pour les brigands.

Marseillais, je ne vous dis pas de voler au secours de vos frères du Nord : déjà vous êtes en marche. La racine du mal est à Paris. Quand le comité des puissances étrangères sera détruit, et la représentation nationale vengée des attentats d'un conseil-général contre-révolutionnaire, les maux de la patrie finiront, parce que les traîtres n'existeront plus. Voyez les gouffres qu'ils ont ouverts, les hommes et les choses qu'ils ont dévorés. Ils demandent vengeance, le sang de nos frères sacrifiés par leur trahison, et notre marine ruinée, nos vaisseaux enlevés, et nos finances dilapidées : Marseillais, le rendez-vous est à Paris.

On m'accusera de vouloir vous soulever! Oui, je vous soulève, et je soulèverai la France entière contre les brigands. Rappelez-vous les jours mémorables de notre première insurrection en 1789, quatre mois avant la prise de la Bastille. Tel je fus alors, tel vous me verrez encore au poste d'honneur. Décrets d'accusation, poignards, échafauds, je braverai tout. Deux sentimens seuls embrâsent et consument mon ame : c'est l'amour de la liberté, et la haine de la tyrannie..... J'y joins un sentiment plus doux, c'est la reconnaissance. Je vous la dois, parce que vous m'avez mis au poste du péril. Je la dois aux habitans de Caen, parce qu'ils m'ont reçu sur la terre hospitalière, et qu'ils servent bien la patrie. Marseillais, sauvez-la, et que celui-là périsse, maudit du ciel, avec toute sa race, qui parlera, écrira, pensera contre la république une et indivisible.

Caen, le 18 juin 1793, l'an IIe de la république, une et indivisible.

Signé BARBAROUX, de Marseille, député par le département des Bouches-du-Rhône à la Convention nationale, expulsé, par la force, du poste où l'avait placé la volonté du peuple.

Note (B), page 22.

Le désarmement du régiment d'Ernest fut, comme le remarque Barbaroux, un événement important; peu d'officiers supérieurs se sont trouvés dans des circonstances aussi difficiles que M. de Barbantane. On le blâma dans le premier moment, avant de connaître les faits et l'état d'exaltation des habitans du Midi : on lui retira son commandement, on annonça l'intention de le traduire devant un conseil de guerre. Les pièces qu'on va lire prouvent à quel point un examen plus approfondi des choses lui fut favorable : non-seulement le conseil de guerre qui devait l'entendre ne fut point convoqué, mais encore le général rentra bientôt dans son commandement.

Dumouriez, dans ses Mémoires, paraît inculper la conduite du général Barbantane. Dumouriez ne se rappelait plus alors qu'il avait lui-même, ainsi qu'on va le voir, aidé, par une lettre signée de lui, à sa justification. Cette justification devint inutile ; mais M. de Barbantane, qui se préparait avec confiance à paraître devant un conseil de guerre, prépara, pour sa défense, un Mémoire que nous joignons aux pièces. Ce Mémoire, qui est écrit d'ailleurs avec la simplicité qui sied à un militaire, mais qu'animent des opinions très-prononcées, a de l'intérêt, parce qu'il fait connaître l'esprit de la population provençale à cette époque.

Lettre du ministre de la guerre, Degraves, à M. de Barbantane. —
Bureau de la correspondance générale.

« Paris, le 3 avril 1792, l'an IV de la liberté.

» J'ai sous les yeux, Monsieur, la lettre que vous aviez écrite, le 16 du mois dernier, à M. de Narbonne, à l'occasion de l'ordre du roi qui vous suspend de vos fonctions d'officier-général. Vous en serez moins affecté lorsque vous saurez que Sa Majesté n'avait point pris cette détermination d'après l'opinion où elle était que votre conduite fût répréhensible, mais seulement parce que des considérations politiques exigeaient cette mesure vis-à-vis des cantons suisses. Le régiment d'Ernest avait mis bas les armes, l'honneur du corps helvétique demandait dès-lors qu'il fût prouvé qu'un pareil effort de subordination était un sacrifice fait pour sauver la vie à des milliers de citoyens, et que la crainte d'un danger personnel n'avait pu y avoir part. Je ne doute nullement qu'il ne vous soit facile de vous justifier ; fort de votre bonne conscience, vous devez attendre avec confiance et sécurité un jugement qui ne saurait qu'être honorable pour vous, en mettant dans la plus grande évidence votre patriotisme et votre amour pour la chose publique.

» Je suis encore confirmé dans cette présomption par la copie que vient de me faire passer officiellement le ministre des affaires étrangères, de la relation que M. de Watteville, major commandant le régiment d'Ernest, a envoyée à Berne, de l'événement dont il s'agit. Je m'empresse de vous adresser cette pièce ; je suis bien persuadé que vous avez rassemblé d'ailleurs les preuves les plus capables d'établir votre justification, mais j'ai pensé que celle-ci était plus faite qu'aucune autre pour fixer l'attention de la Cour martiale.

» Le ministre de la guerre,

» *Signé* P. DEGRAVES. »

Plus bas est écrit de la main du ministre :

« Je vous préviens que je mande à M. de Wigenstein et à M. de Coincy que, si le jury n'est pas assemblé, si la procédure à votre sujet n'est pas commencée, je proposerai au roi de lever votre suspension, et qu'il ne soit donné aucune suite à cette affaire. »

Lettre écrite par le général Dumouriez, ministre des affaires étrangères, au ministre Degraves, en lui transmettant la relation de M. de Watteville.

« Je vous envoie, mon cher collègue, la copie du compte rendu par M. de Watteville à l'État de Berne. Comme cet officier s'est rendu responsable en prenant le commandement qui lui a été cédé par MM. de Barbantane et Olivier, cette pièce devient la décharge de cet officier général.

» Je vous embrasse.   *Signé* DUMOURIEZ.

» Le 27 mars 1792. »

En transmettant l'original de cette lettre à M. de Barbantane, le ministre de la guerre, Degraves, mit au bas l'apostille suivante :

« La note ci-jointe servira, à tout événement, à votre défense. »

Copie de la Relation de ce qui s'est passé à Aix, concernant le régiment suisse d'Ernest, les 26 et 27 février 1792 ; envoyée à Berne par M. de Watteville, major commandant de ce régiment.

« Dimanche, 26 février, après neuf heures du matin, M. de Barbantane, maréchal-de-camp commandant ici, me fit dire de faire rentrer au quartier tous les soldats. Un instant après il m'envoya son aide-de-camp pour me faire passer chez lui de suite. Il me dit qu'il était averti que les Marseillais arrivaient, et qu'il nous faisait rester au quartier pour être prêts à tout événement. Entre onze heures et midi, je sus par un officier que j'allais être requis par la municipalité de renforcer tous les postes, mais que la réquisition avait été envoyée au général. Aussitôt, sans en avoir eu d'autres avis, je fis rassembler la nouvelle garde et la fis partir pour doubler tous les postes. Un instant après l'aide-de-camp vint au quartier et ordonna de faire prendre les armes à tout le régiment, et je fis distribuer des cartouches. Le général étant venu, je lui dis que j'avais déjà fait doubler tous les postes, et que nous serions prêts dans un instant. Il me dit : « Vous ferez marcher un » bataillon, et le placerez à la grille au bout du Cours, pour em- » pêcher qu'ils n'entrent en ville; » et qu'il allait reconnaître ce qui se passait. J'envoie les deux compagnies de grenadiers et une de fusiliers pour chercher les drapeaux sur le Cours en ville ; l'aide-de-camp vint, me dit de ne pas faire marcher le bataillon.

» Le général arriva dans le même instant pour me dire : « Les » Marseillais arrivent dans la ville ; j'ai ordonné au détachement » qui cherchait les drapeaux de s'arrêter sur la place à l'entrée du » Cours : marchons en ville avec un bataillon pour soutenir votre » détachement et voir ce qu'il y a à faire. » Arrivé au bout de la rue Saint-Jean, tout près de notre détachement qui n'était qu'à environ quarante pas des Marseillais, le général me dit d'arrêter la colonne; que la municipalité allait venir, et que nous aurions nos drapeaux. Il y eut des pourparlers entre le général et les Marseillais. Il nous fut permis de chercher nos drapeaux qui passèrent devant les Marseillais qui leur présentèrent les armes. Les drapeaux arrivés, le bataillon resta en colonne : on attendit la municipalité. Les Marseillais firent marcher une pièce de canon, et la placèrent à environ soixante pas vis-à-vis la tête de la colonne, et le reste de leurs canons était placé de manière à nous prendre par le flanc en cas que nous eussions débouché de cette rue. Je dis au général que c'était une marque hostile; qu'il devait leur ordonner de retirer leurs canons, ou que nous allions marcher dessus. Il fut parlementer avec eux, et revint me dire qu'il n'y avait rien à faire avec ces gens-là, qu'ils n'entendaient point raison, et qu'il allait à la municipalité. Je lui dis de rester avec nous et d'y envoyer son aide-de-camp. Quand le maire et quelques officiers municipaux furent arrivés, il fut fait une réquisition de rentrer au quartier. On logea chez les particuliers cette armée, et dès ce moment tout fut tranquille dans la ville. A tout instant et de tous côtés il venait des gens armés qui furent logés dans la ville.

» Vers les quatre heures du soir, le général vint dire de faire marcher 200 hommes par réquisition du département à la maison commune à leur disposition. Au moment du départ de ce détachement, arrive une réquisition du département qui demandait un bataillon. Le général marche en ville à la tête de ce bataillon; arrivé auprès d'une rue qui aboutissait à la place de la maison commune, le maire et les officiers municipaux en écharpe se trouvent là et nous crient d'arrêter. Aussitôt le bataillon fait halte. La municipalité nous apprend que si nous avions marché encore un instant, nous nous trouvions engagés dans un coupe-gorge complet; et il y eut des pourparlers entre eux et le général. Cela dura jusqu'à l'entrée de la nuit. La municipalité fit alors une réquisition de nous faire rentrer au quartier. Au moment où nous nous mettions en marche pour nous en retourner, arriva la garde que nous avions à la maison commune, mais désarmée. Chemin faisant pour rentrer au quartier, je dis au maire et au général de faire replier tous nos postes qui allaient sans doute avoir le même sort que celui de la maison commune : ils me répondirent qu'ils ne pouvaient point le prendre sur eux; qu'ils nous accompagneraient jusque dans notre quartier, qu'ensuite ils iraient à la maison commune pour s'occuper de ce qu'ils auraient à faire. Je dis à un officier du régiment de se rendre à tous nos postes, et de leur ordonner de ma part de ne pas faire de résistance si on venait en force leur demander les armes. A peine eut-il le temps de le leur dire qu'on vint successivement en force pour les désarmer tous, excepté celui de la porte Saint-Jean, qui était le poste le plus près de notre quartier, lequel fut retiré alors par une réquisition que je reçus de faire rentrer tous nos postes ; pendant la nuit il y eut du bruit ; on battit la générale ; on remua du canon ; le général et son aide-de-camp passèrent la nuit avec nous au quartier. A minuit il fit partir pour Toulon un de nos officiers avec une lettre pour M. de Coincy.

» Le lundi , vers les sept heures , on vit faire toutes les dispositions hostiles autour de nous. On plaça des troupes et du canon dans tous les environs du quartier. Le général voulut faire venir la municipalité ; elle ne vint point , mais elle lui envoya les articles du décret qui pouvait avoir quelque rapport à notre situation ; il y eut des pourparlers entre le général et le commandant de cette armée ; les Marseillais voulaient que nous partissions sur-le-champ. Notre réponse fut que nous partirions aussitôt qu'on aurait des charrettes pour nos équipages ; un instant après ils voulaient que nous sortissions la baïonnette dans le fourreau , et que nous leur livrassions nos munitions ; un moment après ils demandèrent à parler à quelques sergens , caporaux et soldats. Nous leur en envoyâmes dix de chaque grade. Ils revinrent nous confirmer les propositions précédentes , et nous dirent qu'on leur avait fait encore d'autres propositions étonnantes. J'envoie cinq sergens ou caporaux leur dire que nous tenions à notre seule proposition. Un caporal député revint au quartier nous dire qu'ils avaient été arrêtés: qu'on leur avait pris leurs sabres ; que lui s'était échappé ; qu'il n'avait point voulu abandonner le sien , et qu'on lui avait tiré trois coups de fusil. Pendant ce pourparler il y eut deux ou trois coups de canon qui portèrent par-dessus nous , et plusieurs coups de fusil autour de nous, dont un blessa mortellement une de nos sentinelles , à la porte du quartier. Avant ces actes hostiles nous sûmes qu'on ne voulait plus nous laisser partir que désarmés. Enfin à midi le général nous dit que, vu les choses actuelles, et que n'ayant pas voulu sortir à leur première proposition, il laissait à notre prudence de prendre le parti qui nous conviendrait, et qu'il ne nous quitterait pas. Là-dessus je rassemblai les officiers et leur dis, en présence du général et de M. d'Olivier, lesquels m'avaient donné tout pouvoir dans ce moment critique : « Allez dire aux compa-
» gnies qu'ayant éprouvé, dans d'autres circonstances, leur atta-
» chement en moi, j'espère tout de leur docilité ; qu'elles se tien-

» nent prêtes à exécuter ce que je vais leur commander. » Et puis ,
m'adressant encore au général et à M. d'Olivier , je leur dis :
« N'est-ce pas , vous y consentez ? » Ils me dirent : « Oui , à tout
» ce que vous voudrez. Eh bien , leur dis-je , voici mon avis , et
» je vous ordonne de le suivre comme subordonnés : j'aurais désiré,
» comme vous, de périr à la tête de ce brave régiment; mais comme
» chef et maître de son sort j'en suis responsable au canton , et ne
» puis vouloir faire périr sans utilité 900 de ses sujets. Le régiment
» est en France pour défendre le royaume, et non pour détruire
» des citoyens français : ils nous demandent nos armes , je vous
» ordonne donc , et que personne, sous peine de désobéissance , ne
» me réponde un mot ; je vous ordonne, dis-je, de dire aux sol-
» dats que moi je leur ordonne , et à ma seule responsabilité , de
» poser les armes lorsque l'ordre en sera donné. » Ils furent le
dire aux compagnies. Leur réponse fut qu'elles m'obéiraient en
tout , et que leur vie était à ma disposition. Alors je dis au général : Allez dire au commandant de cette armée que je lui remets
toutes les armes du régiment , s'il me donne par écrit sa parole
qu'on nous les rendra , et qu'ensuite le régiment partira pour
Toulon. Cet accord est réglé. J'ordonnai , il était une heure, de
déposer les armes et les gibernes contre les murs. Les officiers
ayant gardé leurs sabres , le général conseilla de les poser à l'endroit où étaient les armes , ce qu'ils firent pour éviter toute histoire
à ce sujet. Le général me demanda si je croyais qu'il dût sortir
avec nous ou rester ; je lui dis de rester au quartier pour veiller à
nos armes et pour expédier nos équipages. Il me répondit : Je vous
joindrai en route, et j'irai faire votre logement à Roquevaire. Nous
sortîmes à une heure , emportant nos drapeaux, sans aucune insulte , et accompagnés de plusieurs de leurs chefs qui se mirent à
notre tête pour notre sûreté , et qui ne nous quittèrent que lorsque
nous eûmes dépassé leurs postes, après avoir marché quelques cents
pas. Le régiment arriva à Roquevaire vers les sept heures du soir ;
au lieu d'y coucher, nous en partîmes vers les dix heures de la
nuit, et nous arrivâmes au Beausit vers les six heures du matin. Nous
y restâmes jusqu'à deux heures après midi , puis nous fûmes à
Blioutes où nous arrivâmes vers les six heures du soir. Nous y
avons trouvé, d'après les ordres de M. de Coincy et des corps admi-

nistratifs , l'étape , de bons logemens , et bon accueil par les habitans.

» Fait à Blioutes , près de Toulon, le 1er mars 1792.

» Conforme à la copie qui m'est envoyée par M. Barthélemy ,
ambassadeur de France près de la ligue helvétique ,

         » Le ministre des affaires étrangères ,

               » *Signé* DUMOURIEZ. »

*Mémoire justificatif du général Hilarion-Puget Barbantane , lors-
qu'il dut être soumis à une Cour martiale , après le désarmement
du régiment d'Ernest.*

« Avant la révolution , j'avais dans mon cœur le sentiment vif
et ardent de la liberté. Ceux de justice et d'égalité que nos nouvelles lois ont établis y étaient aussi profondément gravés; j'avais
en horreur l'esclavage des cours , et les vices de ceux qui les habi-
taient ; toutes les aristocraties quelconques me paraissaient un
joug insupportable pour le peuple. Ces sentimens et ces opinions
me rendaient bien étranger aux hommes qui m'entouraient : nous
n'étions pas faits pour nous entendre.

» La révolution étant arrivée, et toutes les chaînes ayant été rom-
pues, alors j'ai pu donner l'essor à ces mêmes pensées, à ces mêmes
sentimens qui m'ont porté avec impétuosité à la conquête de la liberté ; j'ai senti toute l'énergie que ce sentiment allait donner aux
ames, et j'ai vu quelle carrière de prospérités il allait ouvrir à la
France.

» Pénétré fortement de ces sentimens, j'y livrai mon ame tout
entière ; je passai les premières années de la révolution au sein de
la capitale, au centre par conséquent des grands événemens, et auprès des hommes qui pouvaient le plus influer sur leur direction ;
des séances de l'Assemblée nationale , je passai à celles des amis de
la constitution ; je suivais aussi beaucoup de conférences particulières. Pendant le cours de ces grands événemens , j'eus le temps de
me dégoûter souvent des hommes , mais les lumières que je reçus
des discussions, des conversations particulières , m'attachèrent de

plus en plus à désirer l'établissement des lois universelles qui devaient régénérer une grande nation : ma santé fut tellement altérée de tant d'occupations et de tant d'agitations, que j'eus l'amertume d'être forcé d'abandonner les assemblées et le cours de leurs travaux.

» Bientôt de nouveaux devoirs m'appelèrent ; la guerre était au moment d'éclater. L'on me donna une commission sur les frontières du nord : je ne pus la remplir , ma santé étant devenue plus mauvaise ; craignant alors de ne pouvoir braver les climats froids et humides , je demandai à diriger mon zèle et mon patriotisme vers le midi ; si j'eus le regret de penser que je m'éloignais des parties de nos frontières où l'ennemi paraîtrait le plus tôt, je m'en consolai par la confiance que , si nous éprouvions quelques échecs dans ces contrées, la bonne contenance des départemens méridionaux sauverait la révolution , et pourrait être utile aux orages de ce pays. Je quittai donc les rives de la Seine pour me porter sur les bords du Rhône.

» Je fus attaché à la huitième division militaire, renfermant les départemens des Bouches-du-Rhône et du Var. Les renseignemens que je pus prendre sur cette partie de l'empire variaient si fort , qu'ils ne purent me servir que d'indications. Pour juger par moi-même, j'arrivai dans cette division le 15 janvier ; j'entrai par Arles qui en est le premier point.

» Deux officiers-généraux étaient alors employés dans cette division, M. de Coincy, lieutenant-général , commandant en chef, et M. du Muy, maréchal-de-camp. Je fus très-surpris d'apprendre que celui-ci était parti les premiers jours de janvier d'Aix, le ministre m'ayant dit qu'il ne lui accorderait pas de congé , jugeant indispensable , dans les circonstances où nous étions , que M. de Coincy eût deux officiers-généraux sous ses ordres , son grand âge ne pouvant pas lui permettre de se déplacer. Le départ de cet officier-général me laissa seul chargé des affaires courantes du département des Bouches-du-Rhône , dans lequel entrait l'organisation de deux bataillons de gardes nationales volontaires; il me laissa l'obligation d'aller faire des revues dans les deux départemens qui s'étendent d'Aix à Monaco , distance de près de soixante lieues. Par égard pour M. du Muy, je n'écrivis pas sur-le-champ au ministre qu'il était impossible qu'un seul officier-général fût chargé de fonctions aussi

étendues dans un temps où l'on était menacé de troubles politiques; mais j'écrivis sur-le-champ à cet officier-général que je le
priais de me mander s'il comptait servir dans une autre division,
parce qu'alors je demanderais avec instance au ministre de m'envoyer immédiatement un autre collègue. En attendant, après
avoir reçu les ordres de M. de Coincy, je commençai mes revues
par celle du huitième régiment, en garnison à Tarascon; et cette
revue passée, je me rendis à Aix, où le directoire attendait avec
impatience un nouvel officier-général.

» Les événemens arrivés dans ce département ont fait connaître assez la situation critique où il se trouvait; mais il m'importe de rendre compte des démarches que j'avais faites pour
m'assurer de l'état des choses, lors de l'événement des 26 et 27
février.

» J'étais parti d'Arles, ayant reconnu que le peuple de cette
cité, doux, bon, aimant une tranquillité indépendante, était absolument subjugué par quelques hommes contre-révolutionnaires,
qui avaient su unir à leur cause les aristocrates et le peuple; les
uns par des idées de contre-révolution, de paix, de tranquillité;
les autres en agitant en secret les passions du fanatisme. Il
me fut aisé de reconnaître qu'ils entretenaient des correspon-
dances avec le Comtat, avec d'autres parties de la France, et
avec les ennemis de l'extérieur. Mon séjour fut assez long dans
cette ville pour qu'on eût le temps apparemment d'être informé
combien mes sentimens et mes opinions étaient prononcés pour
l'établissement de la constitution; on fut au moment de jeter le
masque devant moi. Mais on différa par prudence; et j'en ôtai
l'espoir et la possibilité.

» La ville d'Aix renferme dans son sein les divers corps administratifs; le régiment d'Ernest y était en garnison, et venait de
se compléter par le retour d'un détachement de trois cents hommes qui étaient à Toulon.

» En même temps un régiment de dragons, qui était dans le
département, avait eu ordre d'en partir, ce qui réduisait la force
publique, en troupe de ligne dans le département, au seul régiment d'Ernest, composé de neuf cents hommes.

» En prenant connaissance de la situation des choses et de la
disposition des esprits, je reconnus bientôt qu'il existait de la fer-

mentation contre le Directoire et contre le régiment d'Ernest. Les griefs contre le Directoire portaient sur ce qu'il semblait s'endormir dans une indolence qui désespérait les bons citoyens, sur ce qu'il se laissait gouverner par des membres que l'on accusait d'avoir des intentions coupables, et on le disait de connivence avec Arles. Cette ville recevait dans son sein les sectateurs et les apôtres du fanatisme et de la contre-révolution ; elle se mettait sur un pied de guerre défensif et formait un noyau de guerre civile. Quant au régiment d'Ernest, je le trouvai livré au désagrément d'une prévention fâcheuse ; contraint de sortir de la ville de Marseille avec des motifs fondés ou non fondés, il avait emporté le mécontentement de la majeure partie des citoyens, et perdu la confiance de cette grande cité. Envoyé à Aix, ville trop voisine, il se trouva exposé de trop près aux regards de ceux qui l'accusaient de ne pas professer des principes constitutionnels : les habitans partagèrent bientôt l'opinion des Marseillais. Si cette disposition des esprits avait été pesée, comme elle méritait de l'être dans un temps où le moindre soupçon entraîne des fermentations dangereuses, on aurait senti que la prudence devait entraîner le départ de ce régiment ; mais le Directoire voulait, au contraire, être entouré de toute sa force : il l'offrit aux regards de ceux en qui sa présence ne pouvait que réveiller des haines encore mal assoupies. Cet acte de la part du Directoire fut regardé comme de la maladresse dans les uns, et parut vouloir servir aux mauvais desseins que l'on prêtait aux autres. Les membres du Directoire, que l'on avait dits bien intentionnés, me peignirent leur situation comme extrêmement pénible, et comme pouvant m'exposer moi-même bientôt à des orages ; il se trouvait entre l'indépendance contre-révolutionnaire d'Arles et celle du patriotisme exalté de l'armée marseillaise, qui renfermait dans son sein une foule d'hommes sans aveu. Il me fut aisé de reconnaître que ces administrateurs n'avaient pas une trempe de caractère assez énergique pour repousser les intentions coupables de ceux de leurs collègues qui les traversaient dans leurs opérations. J'avais jugé la ville d'Arles, et je comptais aller décider mon opinion sur celle de Marseille, et savoir si cette ville était rebelle à une administration coupable, ou qu'elle regardait comme telle, ou si en effet son patriotisme l'égarait.

» Telle était la connaissance que j'avais eu le temps de prendre de ce département ; elle me conduisit de suite aux mesures
provisoires de sagesse et de prudence qui étaient dans ma dépen-
dance, telles que celle que j'ai détaillée dans ma lettre au ministre, pour ce qui concernait le régiment d'Ernest, et celle que
j'ai prise avec le Directoire pour la ville d'Arles, en ne voulant pas
qu'un bataillon de gardes nationales volontaires fût formé dans
son sein, en m'opposant à tout envoi partiel de troupes de ligne,
et en convenant avec le Directoire qu'il écrirait au ministre pour
que les quinze cents fusils qu'on y avait retenus en sortissent tout
de suite. Toutes ces premières dispositions faites, et la tranquillité
paraissant ne pas devoir être troublée de quelque temps, d'après
l'opinion des membres des corps administratifs, j'étais au moment
de partir pour Toulon où j'étais attendu depuis long-temps par
le commandant en chef de la division, qui m'avait ordonné d'y
faire les revues des régimens qui y sont en garnison, lorsque les
événemens des 26 et 27 février vinrent frapper la ville d'Aix où je
séjournais depuis une quinzaine de jours.

» Ces événemens m'avaient mis dans la position, je ne dirai pas
la plus périlleuse mais la plus délicate où jamais chef militaire se
soit trouvé. J'avais toujours calculé ma conduite avec le plus grand
sang-froid, j'avais cru avoir rempli tous mes devoirs, et je me livrais à cette croyance avec une certitude réfléchie ; j'avais enfin
le sentiment d'une bonne conscience, et je croyais mériter cette
approbation flatteuse qui me fut donnée depuis par un député de
l'Assemblée nationale, lorsqu'en parlant de la conduite de M. de
Narbonne à mon égard, on l'entendit s'exprimer ainsi :

« Il blâmait inciviquement, il osait chercher à flétrir le patriote
» Puget Barbantane, pour avoir su, dans une position critique où
» les lignes de différens devoirs se croisent en quelque sorte,
» n'en abandonner aucune, et s'y tenant en effet, mériter à la
» fois l'approbation du rigoriste et la reconnaissance de tous les
» bons cœurs. »

» Les témoignages honorables d'estime et même de reconnaissance des corps administratifs, des citoyens de la ville d'Aix,
avaient rempli mon ame de l'émotion la plus douce, et étaient
venus la consoler du triste événement dont je venais d'être le témoin. Le commandant du régiment d'Ernest m'avait donné les

plus vives et les plus touchantes assurances de son estime et de son dévouement pour moi; et tous ces sentimens étaient venus appuyer la confiance que j'avais dans ma conduite.

» Rempli de ces sentimens personnels et de l'influence de ceux qui m'étaient communiqués, je fis mon récit au ministre avec candeur, avec simplicité, je dirai même avec modestie; je ne songeai pas à représenter beaucoup de faits.

» Je ne l'adressai dans le premier moment, qu'à lui seul, tant j'avais la confiance qu'il ne pouvait m'être fait aucuns reproches. Puisque je me suis trompé, puisque des inculpations ont été tentées, je vais me justifier; mais quelle est la manière de me justifier, si ce n'est de motiver quelques faits importans, d'en éclaircir quelques autres, et de faire connaître les lois à ceux qui pourraient me juger sans savoir les devoirs qu'elles m'imposaient.

» Une incursion imprévue d'une troupe armée, venant de Marseille, tombe subitement sur la ville d'Aix, ville ouverte, sans défense, dominée par des hauteurs de tous les côtés. Quelles durent être mes premières réflexions sur cette incursion aussi rapide qu'imprévue? La première ne dut-elle pas être que cette troupe armée n'avait pas pu entrer dans cette ville d'une manière aussi secrète sans de nombreuses intelligences? Ne fus-je pas bientôt confirmé dans cette opinion quand je vis le peuple empêcher de fermer les portes; quand je vis que la garde nationale ne se rassemblait pas, quoique la municipalité eût fait battre la générale; que je vis enfin les habitans se mêler avec cette troupe: il est évident que je ne pus pas douter alors que les habitans de Marseille et d'Aix se réunissaient pour l'exécution de quelques projets. Je n'hésitai pas à penser ensuite que cette force ne dût se tourner contre le Directoire et contre le régiment d'Ernest. A quelles réflexions cette conviction me mena-t-elle ensuite? Une force armée se présente sans aucune réquisition, la loi ordonne de la repousser; mais je dois calculer quelle est cette force, et voir quels moyens j'ai pour l'arrêter. Cette troupe armée, venant de Marseille, me présente une tête de colonne avec de l'artillerie; je reçois la réquisition de ne laisser entrer aucun homme armé dans la ville. La troupe est déjà entrée, je ne puis donc pas reconnaître sa force. Mais ne sais-je pas que Marseille renferme dans son sein une garde nationale nombreuse, bien armée ; ne sais-je pas que cette ville a une artillerie formidable et beaucoup de munitions, première force imposante ? Les citoyens de la ville d'Aix sont aussi armés ; ils ont des canons, ils sont dans leurs foyers, et lorsqu'il s'agit d'arrêter des citoyens égarés, combien les ménagemens qu'une telle situation exige ne leur donne-t-elle pas des moyens de défense !

» Seconde force. Enfin, n'ai-je pas dû penser que l'influence de Marseille aurait donné de l'extension à tous les pays environnans pour l'exécution des entreprises qui l'amenaient ?

» Troisième force. Qu'avais-je à opposer à cette volonté réunie de tout un pays armé qui avait une artillerie formidable? A peine neuf cents hommes, sans aucun canon.

» Mes premières réflexions m'ayant offert ce tableau, voici quel fut le résultat de mes résolutions.

» Je suis à la tête de la force publique soumise aux lois de la réquisition ; ce que la loi m'ordonnera, je le ferai, et je suis prêt à mourir pour son exécution ; mais voici ce que les circonstances imprévues me dictent : La force publique est faible, il ne faut pas la compromettre inutilement, il ne faut pas verser le sang des citoyens sans utilité, il ne faut pas exposer neuf cents hommes à être anéantis par tout un pays armé, auquel ils sont devenus malheureusement suspects ; il ne le faut pas, par des considérations politiques qu'un tel événement rendrait difficile à réparer. Ainsi qu'on ne dise pas qu'oubliant la France entière, je ne me suis occupé que de mettre dans ma conduite un intérêt de localité, quand, au contraire, des réflexions tendantes à ne pas compromettre la force publique, ce grand intérêt national, et des observations politiques de tous les genres sont entrées dans le plan de ma conduite.

» J'arrive à la matinée du 27, et, avant de parler du commencement des hostilités, je dois fixer l'attention sur la position où nous nous trouvions, et sur la disposition des esprits. On a vu le régiment, par les réquisitions successives, rentrer tout entier dans son quartier dans la soirée du 26. Les corps-de-garde avaient été désarmés ; mais ce désarmement avait été la suite d'un mouvement violent qu'avait produit la rentrée subite d'un bataillon dans la ville. Il ne parut faire d'autre impression sur le commandant du régiment et sur les officiers qui l'entouraient , que d'être persuadés qu'on voudrait faire partir le régiment le lendemain.

» Sur le dire du corps municipal , qu'il me requerrait s'il arrivait du désordre dans la nuit, je fus passer la nuit au quartier, de concert avec les Suisses. J'envoyai à minuit un courrier à M. de Coincy, en lui mandant que préjugeant qu'une force armée demanderait le départ du régiment , il eût à me donner ses ordres. Cette mesure prise, nous restâmes dans une pleine sécurité. On battit la générale la nuit, et nous n'en sûmes pas la raison, parce que nous n'avions pas de communication avec la ville. La sécurité des Suisses était si grande que , vers les quatre heures du matin , leur ayant demandé s'ils avaient des vivres, et m'ayant répondu que non, ils ajoutèrent : Ils feront comme à Marseille, ils nous en laisseront prendre. Comme je n'en doutais pas, j'envoyai un aide-de-camp à l'hôtel-de-ville pour prévenir à cet égard le corps municipal, qui me fit dire qu'il prendrait ma demande en considération. Ainsi se passa la nuit; et si l'on a vu dans mon récit que j'avais des inquiétudes si vives pour le lendemain que je fus tenté de faire partir le régiment, ces inquiétudes portaient sur les haines violentes que je savais exister entre des individus des deux troupes, et, craignant qu'elles n'entraînassent quelque provocation, j'aurais fort désiré ne pas y être exposé; car, je le répète, j'arrivai, ainsi que les Suisses, au commencement des hostilités. En croyant qu'il ne s'agissait purement et simplement que du départ du régiment , nous crûmes même, les hostilités commencées, qu'elles ne tendaient qu'à rendre le départ forcé; et la preuve que nous n'avions pas tort, c'est qu'on voulut laisser partir le régiment avec armes. Dès la pointe du jour, nous nous vîmes assaillis tout d'un coup par les troupes et l'artillerie. La position du quartier, à deux cents pas de la ville, dominé par des hauteurs de tous les côtés, entouré de murs et de maisons, donna la facilité, en faisant sortir les forces par trois portes différentes, de nous cerner dans le même instant, sans aucun acte hostile préparatoire.

» Après cet exposé, je vais établir les inculpations que l'on a pu m'adresser, et même celles que l'on pourrait me présenter ; car il m'est aisé de répondre à toutes d'une manière victorieuse.

» 1°. Comment n'a-t-on pas fait partir le régiment?

» 2°. Comment n'a-t-on pris aucune mesure contre des préparatifs et des actes hostiles?

» 3°. Comment a-t-on laissé accroître les forces par l'absence de toutes précautions?

» 4°. Comment n'a-t-on pas suivi la loi du 27, au lieu de tenter des moyens de conciliation?

» 5°. Comment a-t-on cru se décharger d'une responsabilité en remettant l'autorité au commandant du régiment, dans un instant aussi critique?

» Premier article.

» Comment n'a-t-on pas fait partir le régiment?

» Un régiment ne peut pas quitter son quartier sans un ordre du roi; le commandant en chef d'une division n'est autorisé à le faire que dans les cas extraordinaires.

» 2°. Un régiment ne peut pas sortir de son quartier sans une réquisition des corps administratifs.

» 3°. La municipalité m'avait dit qu'elle me requerrait en cas de désordre, ce qui assurément était un grand bien pour moi dans la situation où était la ville.

» Il est donc évident qu'enchaîné par ces trois articles, je ne pouvais les enfreindre que dans le cas où je serais forcé positivement ; or, jusqu'au commencement des hostilités, tout fut parfaitement tranquille autour de nous.

» Deuxième article.

» Comment n'a-t-on pris aucune mesure contre des actes hostiles?

» Ma réponse sera d'abord la loi.

» La loi défend de laisser sortir aucune troupe armée du quartier sans réquisition. Je me promenai toute la nuit dans le quartier et aux environs, avec le commandant du régiment et quelques officiers : je dis à ce commandant de faire examiner s'il y avait quelques mouvemens autour de nous; il me rendit compte plusieurs fois qu'il n'y en avait pas. Mon aide-de-camp, ayant été à l'hôtel-de-ville vers les quatre heures du matin, me rapporta que tout était absolument tranquille dans la ville; et nous dûmes donc nous confirmer dans notre sécurité. Mais des personnes voudront poursuivre leurs attaques, en disant : Vous auriez pu prendre une position avantageuse ; vous auriez été par conséquent plus en mesure de faire partir le régiment aux conditions que vous auriez voulu.

» Je répondrai par un fait qui s'est passé même dans cette ville.

» Les officiers du régiment de Lyonnais avaient été attaqués dans la ville ; blessés et poursuivis, ils arrivent dans les casernes. Un capitaine, se trouvant dans le moment commandant du régiment, veut le faire sortir du quartier. Les tambours étaient à peine hors de la porte, lorsque le major commandant le régiment arrive et le fait rentrer. On a intenté un procès à ce capitaine, sur ce qu'il avait voulu agir contre la loi, en faisant sortir le régiment sans réquisition. J'ajouterai ensuite que cette sortie aurait provoqué véritablement des hostilités; qu'il entrait dans mes vues de sagesse et de prudence de les éviter, par les suites qu'elles pouvaient avoir. Quand j'aurais pris une bonne position défensive, qu'aurais-je fait sans vivres?

» Troisième article.

» Comment a-t-on laissé accroître les forces par l'absence de toute précaution?

» J'ai dit quelle était la position du quartier; j'ai dit combien il fut facile de le cerner dans le même instant; qu'on se rappelle ensuite toutes les réflexions que j'ai faites lors du moment de l'incursion de la troupe dans la ville, et qu'on voie si je n'étais pas plus fondé à les faire dans la nouvelle position où je me trouvais ; la force fut tout d'un coup majeure et irrésistible, et peu importe la croissance qu'elle acquit ensuite.

» Si j'ai pu un moment espérer de sortir avec le régiment, au milieu des coups de canon et des coups de fusil, le commandant du régiment détruisit promptement cet espoir, en me rappelant que le seul chemin que nous pourrions prendre serait absolument un coupe-gorge.

» 4°. Comment n'a-t-on pas suivi la loi du 27, au lieu de tenter des moyens de conciliation ?

» La loi du 27 porte que les chefs militaires ne pourront déployer la force que dans trois cas.

» Cette expression, *ne pourront déployer*, veut-elle dire qu'ils le *devront?* Non heureusement, car c'eût été une loi de sang, et nos législateurs n'ont pas eu cette intention ; on voit donc que, pour juger ma conduite, il s'agissait de savoir si je devais la mettre à exécution.

» L'on a vu que j'avais rempli mon devoir en attendant au quartier l'ordre d'un départ qui paraissait satisfaire tous les esprits.

» L'on a vu que, jusqu'au moment des mesures hostiles, je n'aurais pas été autorisé à enfreindre les lois et les liens qui m'y retenaient.

» Je demande à présent si la prudence n'exigeait pas d'obtenir, par la voie de la raison et de la justice, ce qui n'aurait jamais pu être le résultat de la force des armes, sans effusion de sang et sans la perte presque entière du régiment; car enfin imagine-t-on ce qu'il serait devenu étant sorti de cette situation, après avoir perdu la plus grande partie de son monde? Ne retombait-il pas dans un danger pour le moins aussi grand? harcelé dans sa marche, où aurait-il trouvé un asile, une retraite? la vengeance de tous les lieux voisins ne serait-elle pas venue fondre sur lui?

» Je ne pus donc pas hésiter sur le parti que j'avais à prendre; je m'adressai d'abord à la municipalité, non pas pour connaître la loi du 27, mais parce que j'étais persuadé du succès de sa médiation, si elle avait envoyé quelques-uns de ses membres; sur son refus, je me livrai avec abandon à traiter moi-même les moyens de conciliation, et j'obtins que le régiment partirait armé.

» 5°. Comment avez-vous cru pouvoir vous décharger de votre responsabilité?

» Je n'ai certainement jamais pensé à me soustraire à la hiérarchie des pouvoirs; l'ordre donné au commandant du régiment de faire ce que sa prudence et sa sagesse lui dicteraient, porte avec lui sa responsabilité; car il s'agit de savoir si j'ai pu le lui donner, et ensuite si je l'ai dû.

» J'ai cru que dans des circonstances inouïes dans les annales de notre histoire, lorsque je me trouvais à la tête d'un corps étranger appartenant à une nation respectable, jusqu'ici fidèle alliée de la France, je serais approuvé de la nation entière et du roi, si, me livrant à des sentimens nobles envers elle, j'abandonnais au chef de cette troupe l'autorité qui m'était confiée, pour laisser à ces militaires étrangers juger eux-mêmes tout ce qui pourrait intéresser et leur honneur et leur devoir, leur disant et leur répétant sans cesse : Si vous marchez, ma place est à votre tête.

» Je donnai cet ordre au commandant du régiment à huit heures du matin. Lorsque je lui annonçai que le régiment pouvait partir avec ses armes, la baïonnette dans le fourreau, le régiment ne voulut pas y consentir; les négociations longues qui suivirent échauffèrent des caractères ardens, des têtes vives et exaltées, et cette fermentation les porta à exiger des conditions aussi dures que condamnables. Ce ne fut qu'entre midi et une heure que l'ordre du désarmement fut donné.

» Dans cet intervalle de longues négociations, d'un côté, le refus du régiment de partir avec armes sans munitions, de l'autre, la fermentation croissante m'ayant laissé croire plusieurs fois que le régiment sortirait de son quartier, et résolu d'occuper toujours la place la plus périlleuse, je dis à mon aide-de-camp : Nous pouvons nous dire adieu ; et quoiqu'il pût paraître bien dur à un zélé partisan de la révolution, à un ami ardent de la liberté, à un bon patriote enfin, de mourir à la tête d'un régiment accusé d'incivisme, je puis dire que j'envisageai ce triste sort avec une résignation tranquille et calme.

» Je dois ajouter encore un mot sur ma conduite. Après avoir été témoin des excès coupables auxquels des têtes exaltées se portèrent, je fis les démarches nécessaires pour la sûreté des armes, lorsque je les sus dispersées. Je provoquai une proclamation du département. J'assurai le départ de la caisse et des équipages. Enfin j'accompagnai le régiment dans sa marche triste et lugubre, et en me voyant tranquillement au milieu d'eux, après un tel événement, il fallait bien que j'eusse la sécurité d'une bonne conscience, car autrement je n'y serais pas allé, et ils ne m'y auraient pas souffert. Je poussai mes devoirs vis-à-vis d'eux jusqu'au dernier moment où il ne m'a plus été permis d'en remplir. Je fus à Toulon pour tâcher de leur procurer un nouvel armement ; mais je trouvai que la méfiance s'y opposait; les corps administratifs et militaires furent obligés de prendre des mesures obtempérantes. Il fut décidé qu'on leur donnerait simplement trois cents fusils pour leur sûreté et police. Ayant su qu'ils ne les avaient pas lorsque j'étais à Grasse à faire des revues, j'écrivis au directoire du département du Var que j'étais étonné que cette détermination n'eût pas été mise à exécution.

» Telle est, mes concitoyens, la justification que j'ai eue à vous présenter sur les inculpations qui m'ont été faites. J'aurais pu certainement n'y répondre que par les témoignages flatteurs, honora-

bles, d'estime, de confiance et de reconnaissance même que j'ai
reçus des citoyens de la ville d'Aix et des corps administratifs qui
y résident, et auxquels je pouvais encore ajouter les suffrages flatteurs qui m'arrivent de toutes les parties de l'empire ; j'aurais pu
ensuite m'appuyer de la justification pleine et entière que le canton de Berne a donné de ma conduite.

» Mais j'ai voulu m'abandonner à l'idée consolante que cette justification m'acquérait encore l'estime de tous les hommes qui, ne
voulant voir que par les yeux de la raison et de la justice, calcu-
leront avec impartialité la position où je me suis trouvé , et combien la ligne de mes différens devoirs était difficile à conserver ;
j'espère que le résultat de leur opinion sera de voir évidemment :

» 1°. Que j'ai cherché à ménager un grand intérêt national, celui
de ne pas compromettre la force publique inutilement ;

» 2°. Que j'ai épargné le sang des citoyens, qui eût été versé sans
aucune utilité ;

» 3°. Qu'ayant toujours sous les yeux nos intérêts politiques, j'ai
empêché l'anéantissement d'une troupe étrangère.

» Les cantons ne pourront donc pas me répéter ces mots d'Auguste à son lieutenant Varrus : Qu'as-tu fait de mes légions ?

» *P. S.* Ce Mémoire a été fait pour être présenté à une cour martiale. J'ignorais quels seraient les juges : je n'ai donc pu me défendre
que militairement , et je n'ai pas pu alléguer les grands motifs qui
ont dicté ma conduite, puisque cet événement a peut-être décidé
la révolution du 10 août, où Marseille a eu tant de part. Jalès, Arles,
Avignon étaient en pleine contre-révolution , et le triomphe de
Marseille écrasa un noyau contre-révolutionnaire. Ayant été au
centre de ces événemens, y ayant joué un rôle principal, j'en dé-
velopperai un jour, dans la retraite, l'historique, avec des détails
intéressans pour ceux qui écriront l'histoire de la révolution.

» P. B. »

Note (C) , page 51.

Adresse des fédérés de Marseille à l'Assemblée nationale , présentée le 2 août 1792 , l'an 4ᵉ de la liberté; imprimée par ordre de l'Assemblée nationale, et envoyée aux 83 départemens.

Législateurs ,

Nous venons, au nombre de cinq cents, acquitter le serment que Marseille a fait de combattre pour la liberté ; mais la liberté n'est pas la cause du roi ; et , lorsque nous allons verser notre sang , il nous importe de savoir si c'est pour Louis XVI ou pour la patrie.

Jusqu'à présent nos armées ont été le jouet de la cour , même dans les avantages qu'elles ont remportés. La vie des hommes n'est jamais comptée dans les calculs de la politique ; et les cabinets conspirateurs de Vienne et des Tuileries sacrifient tour à tour des Français ou des Autrichiens , suivant qu'il leur importe d'inspirer des craintes , ou de donner des espérances à la nation qu'ils veulent asservir, moins peut-être par la force des armes que par la dissipation de toute la fortune publique.

Ce genre de guerre ne convient pas aux Français, et si c'est ainsi qu'on doit nous faire combattre les Autrichiens et leurs alliés , nous aimons mieux les attendre sur nos montagnes ; qu'ils y viennent!

Mais vous, législateurs , qui voyez le péril du peuple, vous aurez le courage de le sauver , ou la bonne foi de lui dire que vous ne le pouvez pas, pour qu'exerçant enfin sa souveraineté, il se délivre du mal des rois , non par des insurrections destructives , mais par la manifestation paisible de la volonté nationale.

Le nom de Louis XVI ne présente plus aux Français d'autre idée que celle des trahisons ; nos agriculteurs , nos matelots , en retracent l'histoire dans leurs chants , lorsqu'ils s'excitent au travail qui rend l'homme indépendant. Hâtez-vous donc, législateurs, de prononcer une déchéance mille fois encourue; et lorsque vous voyez le peuple égorgé au nom de la constitution , sauvez-le par la constitution. Vous n'avez pas enlevé La Fayette à l'armée qu'il s'efforce de corrompre; et vous demandez aux citoyens de voler aux frontières! Mais des citoyens libres sont-ils donc faits pour obéir au perfide esclave de la cour? La patrie trouvera parmi nous des vengeurs; La Fayette n'y trouvera pas de soldats.

Depuis le renvoi des ministres patriotes, ceux qui successivement ont prêté leur nom au comité autrichien, vous ont trompés sur l'état de nos forces et de nos approvisionnemens; et le décret d'accusation n'est pas encore porté contre eux! Terrier n'est pas puni d'avoir fait une proclamation inconstitutionnelle dans sa forme, et tellement perfide dans son exposé qu'elle a failli allumer partout le feu de la guerre civile! Aussi Terrier a des administrateurs; et Champion, le commissaire d'Avignon, devenu ministre pour avoir prolongé les malheurs de ce pays; Champion a fait aussi le 51 juillet, une proclamation aussi inconstitutionnelle, aussi irrespectueuse pour le Corps législatif, et aussi dangereuse par les provocations qu'elle fait aux citoyens de s'armer contre les citoyens.

Lorsque naguère les patriotes furent assassinés sous les guichets du Louvre, ils ne furent pas tendrement accueillis dans le château; la femme du roi ne leur donna point les clefs de ses appartemens; les dames d'honneur n'essuyèrent pas leurs visages; le roi ne leur demanda pas: De quel district êtes-vous? le ministre de la justice n'écrivit point à l'accusateur public pour hâter sa dénonciation, et l'on ne fit pas une proclamation pour exposer que la tranquillité publique était troublée dans la capitale, la liberté individuelle outragée, la sûreté des personnes et des propriétés compromise. Les hommes qu'on avait alors assassinés étaient pourtant aussi des Français; leur sang avait pourtant rejailli sur les murs du palais du roi; mais ils étaient patriotes. Ici, au contraire, ce sont des serviteurs du roi, des ci-devant officiers de sa garde, et les maris des dames de la cour; et qu'importe alors que ceux-ci aient été provocateurs? qu'importe qu'ils aient blasphémé contre la nation, ainsi qu'une foule de témoins l'ont déposé? qu'importe qu'ils aient brutalement frappé une femme qui criait: *Vive la Nation!* qu'importe enfin qu'ils aient tenté d'enlever un Marseillais qui se trouvait sur leur passage, et qu'ils aient reçu à coups de sabre et de pistolet ses frères d'armes qui sont venus l'arracher de leurs mains au moment où l'arme qui devait le frapper était portée sur son estomac? qu'importent toutes ces circonstances? On désirerait que les Marseillais, fatigués d'une route de deux cents lieues, en dînant tranquillement aux Champs-Élysées, fussent battus par des contre-révolutionnaires bien mieux armés qu'eux. Il est, au contraire, arrivé que les Marseillais les ont battus; et c'est le cas sans doute que le roi, jouant le rôle de défenseur officieux des grenadiers des Filles-Saint-Thomas, dénonce et fasse poursuivre les Marseillais devant les tribunaux.

Eh bien! qu'elle s'instruise cette procédure; nous restons tous en otage à Paris jusqu'à ce qu'elle soit terminée; et comme nous avons autant de droit à garder les représentans du peuple que les grenadiers des Filles-Saint-Thomas, comme ce droit appartient à toutes les gardes nationales du royaume, nous vous demandons, législateurs, de décréter, conformément à la constitution, que votre garde de sûreté sera composée de trois cents hommes de chaque département. Si les chefs de l'état-major de Paris, non encore licenciés malgré votre décret, voient avec inquiétude cette mesure, telle n'est pas l'opinion des citoyens-soldats : et, si l'on excepte les ci-devant gardes du roi, transformés par la liste civile en gardes nationaux, nous avons éprouvé que nous n'avions ici que des frères.

Nous vous demandons, législateurs, de pourvoir à notre subsistance.

Suivent les signatures.

Note (D), *page* 58.

Eloge funèbre de Jean-Paul Marat, député à la Convention nationale; prononcé à Strasbourg, dans le temple de la Raison, l'an second de la république une et indivisible; orné du portrait du martyr de la liberté, avec cette épigraphe : Un peuple qui sait honorer ce qui est grand ne manque jamais de grandes actions ni de grands hommes. CHÉNIER, *Discours sur l'instruct. publ.*

PARMI les patriotes illustres qui ont paru avec éclat sur le théâtre de la révolution française, Marat tient sans contredit le premier rang. Nul n'a joué un rôle plus actif, plus grand ; nul n'a rendu des services plus importans à la chose publique. Vertu, courage, génie , science, Marat avait tout pour lui , et il a tout employé à exterminer le despotisme et à consolider la liberté. Citoyens, si dans cet instant le sol de la France se trouve purgé de cette foule d'oppresseurs barbares qui l'inondaient ; si malgré les écueils et les tempêtes que le monstre Pitt sème sur l'océan politique, le vaisseau de la république vole à pleines voiles vers le port ; si , en dépit de tous les tyrans , de tous les scélérats et de tous les imbéciles de l'Europe , nous marchons à grands pas vers le bonheur par la voie de l'égalité et à l'ombre de la sublime constitution que nous a donnée la Montagne ; citoyens , jetez les yeux sur le buste de Marat, et reconnaissez un de vos libérateurs. Et vous, habitans de la terre, hommes de tous les pays , sur qui le soleil de la liberté ne luit pas encore, si , profitant de l'exemple magnanime que vous recevez aujourd'hui des Français , vous érigez un jour un temple à la liberté de l'univers, vous sèmerez des fleurs sur la tombe du héros dont nous honorons la mémoire : ce républicain célèbre a droit à la reconnaissance du genre humain.

La tyrannie avait comblé la mesure de ses crimes et de ses brigandages. Le déficit était énorme : le peuple, las de la misère et de l'oppression qui l'accablaient depuis tant de siècles, soupirait après un nouvel ordre de choses ; la philosophie , ressuscitée par les Voltaire , les Rousseau , soufflait partout le feu d'une sainte insurrection , et le flambeau de la raison , rallumé depuis Descartes, servait de guide aux malheureux Français pour sortir du labyrinthe affreux de l'ancien régime ; une grande révolution était inévitable ; Marat , ardent ami du peuple, doué d'une ame forte , et familier avec les premiers principes de la politique , ne devait pas rester tranquille spectateur du grand œuvre de la régénération française : aussi ne tarda-t-il pas à devenir un des premiers acteurs du drame révolutionnaire.

Jugeant de la révolution par les causes qui l'avaient produite et par la disposition des esprits, Marat, comme il l'a dit lui - même, vit du premier coup-d'œil *où iraient les choses*. Ce vaste génie calcula les résistances et les frottemens sans nombre qui s'opposeraient au jeu de la machine que la philosophie se disposait à construire. Marat connaissait bien le cœur humain. A travers le voile de popularité dont se couvrait le tyran hypocrite, il vit que ce perfide monarque ne consentirait jamais à perdre un fleuron de sa couronne. Il vit qu'une cour abominable, excessivement corrompue ou corruptrice, allait épuiser toutes les ressources du machia vé-lisme, pour enrayer le char révolutionnaire; il vit que la caste impure des superbes ci-devant était déterminée à s'ensevelir avec ses armoiries sous les ruines de la féodalité ; il vit que l'engeance infernale des prêtres allait se déchaîner contre la raison, et que toutes les furies du fanatisme s'attacheraient infailliblement sur les pas des patriotes ; il vit que, pour assurer le triomphe de la liberté, il fallait nécessairement vaincre l'égoïsme des riches et la cupidité des fripons. Les préjugés étaient trop enracinés, les mœurs trop corrompues, le choc des intérêts privés contre l'intérêt commun trop impétueux, la violence des passions trop fortement prononcée, pour que les charmes de la liberté et la voix persuasive de la raison suffissent pour opérer paisiblement la grande réforme qui se préparait. Bien différent de ces demi-philosophes qui ont prétendu faire la révolution, comme on dit qu'Amphion bâtit les murs de Thèbes, Marat était convaincu qu'il fallait cimenter la liberté avec le sang des oppresseurs, et fonder la république sur les décombres du trône et les cadavres de ses partisans. De-là ces grandes maximes qu'il a si souvent répétées : « Il faut absolument que le peuple » écrase le parti de l'aristocratie. C'est une folie que de prétendre » dompter la tyrannie avec les seules armes de la raison. Les pas-» sions les plus violentes ne sont point soumises à l'empire de la » raison, etc. » De-là l'acharnement avec lequel il a poursuivi tout ce qui tenait à l'ancien régime ; de-là les appels réitérés qu'il a faits au peuple dont la hache terrible pouvait seule exterminer cette bande de grands scélérats que le glaive de la loi, confié à des mains perfides, refusait de frapper.

A peine Marat eut-il mis la plume à la main, que sa brûlante énergie jeta l'épouvante dans l'ame des conspirateurs. La cour tremblante, les aristocrates alarmés recherchèrent *l'ami du peuple*, et voulurent le corrompre ; mais l'éclat de l'or n'eut point l'art d'éblouir ce vertueux républicain : sa grande ame n'était sensible qu'à la gloire. Aussi inébranlable qu'incorruptible, les menaces ne firent pas plus d'impression sur lui que les offres et promesses. Furieux de sa vertu, la cour et ses criminels agens résolurent de le perdre à quelque prix que ce fût. Des assassins furent soudoyés, des tribunaux achetés, des scélérats payés pour égarer le peuple sur le compte de son ami, et la tête de Marat exposée à toutes sortes de périls. Le destin permit que ce généreux défenseur des droits de l'homme pût se dérober pendant quelques années aux piéges et aux poignards des contre-révolutionnaires. Pour servir son pays, il se condamna à toutes les privations et se retira dans un souterrain inconnu aux scélérats qui méditaient sa perte. Ce fut de ce souterrain fameux que Marat porta des coups formidables à tous les ennemis du bonheur public; c'est de-là qu'il arracha le masque aux traîtres les plus rusés et les plus accrédités dans l'opinion : c'est de-là qu'il fit une guerre civile au despote, à ses ministres, à ses affidés, à tous les traîtres et à tous les malveillans. Les La Fayette, les Bailly, les Barnave, les Chapelier, les Mirabeau, tous les mandataires perfides qui, sous des dehors populaires, trafiquaient honteusement de leurs places et de leurs suffrages, furent traduits au tribunal redoutable de l'opinion publique. Les dénonciations les mieux fondées et les plus sages prédictions étaient journellement répétées par ce clairvoyant patriote. Le souterrain de Marat était devenu l'antre de la sybille. Sur ses feuilles intéressantes étaient écrites les destinées de la république, les maux qui menaçaient le peuple et les moyens d'y remédier. Marat ne cessait de vomir feu et flamme contre toute espèce de conspirateurs. Rien ne pouvait arrêter les torrens de lumière qui, semblables aux laves ardentes vomies par le Vésuve, s'élançaient de sa retraite et éclairaient les démarches ténébreuses de l'aristocratie. Jamais la malveillance ne put imposer silence à cet intrépide écrivain. C'est au moment où La Fayette, à la tête de trois mille satellites, faisait le siége de sa demeure, que, de son trépied formidable, l'invisible Marat donnait sa malédiction aux artisans de nos malheurs. A peine avait-on brisé ses presses que déjà sa Feuille du jour courait les rues, et faisait en même temps et l'effroi des aristocrates et la consolation des sans-culottes opprimés. Tant d'énergie, jointe à tant de courage et de finesse, paraissait inconcevable au plus grand nombre, et fit douter pendant long-temps de l'existence du prophète Marat qu'on regardait comme un être fabuleux.

L'Assemblée constituante, composée de législateurs ineptes ou corrompus, tenait le timon des affaires. Marat l'attaqua avec fureur et la poursuivit sans relâche jusqu'au dernier moment de son existence. L'Assemblée législative, succédant à ce corps gangrené qui,

sous le nom de constitution, avait fabriqué des titres au despotisme, marcha sur les traces de ses indignes prédécesseurs. L'ami
du peuple dévoila sans ménagement la perfidie et les forfaits de
ces législateurs criminels. L'infâme Brissot, ce Monk moderne, ce
chef atroce de la faction qui dernièrement a mis la république à
deux doigts de sa perte, malgré sa profonde hypocrisie, ne trompa
point la vigilance de Marat. Aucune manœuvre liberticide n'é-
chappa aux regards pénétrans de cette active sentinelle.

Appelé à la Convention par les suffrages des braves Parisiens,
Marat y combattit en vigoureux athlète la coupable faction dont il
dévoilait depuis long-temps les odieux projets. Il foudroya l'exécrable Dumouriez, comme il avait foudroyé La Fayette ; et ce prétendu sauveur de la France, tant prôné par la faction, fit la même
fin que le soi-disant héros des Deux-Mondes. Dumouriez émigra,
ses complices restèrent dans le sein de la Convention. Du sommet de la Montagne Marat indiqua ces députés conspirateurs, et
prédit au Marais que dans peu il serait desséché et comblé. Les
journées mémorables des 31 mai, 1er et 2 juin vérifièrent sa pro-
phétie. Les mâles écrits de Marat influèrent beaucoup sur les
grands mouvemens du peuple, et personne ne lui contesta la
gloire d'avoir eu une part marquée aux événemens les plus fameux de la révolution. Tant que les époques glorieuses des 14 juillet, 5 et 6 octobre 1789, 10 août, 21 septembre 1792, 21 janvier,
1er mai et jours suivans 1793, seront en vénération chez les Français, on chérira, on honorera la mémoire de ce véritable ami du
peuple.

Marat fut vraiment un homme étonnant ; l'antiquité n'en offre
point de cette trempe. Tel fut son brûlant amour pour la patrie,
qu'on a dit de lui : « Qu'il avait la fièvre du patriotisme. » Telles
furent sa sagacité et sa prévoyance, qu'il devina les coups les plus
machiavéliques, et déjoua les complots les plus artistement ourdis.
Semblable à cette prétendue étoile miraculeuse qui précédait les
Mages en Palestine, Marat était toujours en avant de l'esprit public et semblait éclairer la marche de ses braves compagnons
d'armes, de ces illustres jacobins, l'effroi de tous les tyrans.
Telle a été la sagesse de sa politique, qu'on est obligé d'adopter
les mesures de rigueur qu'il n'a cessé de proposer. Pour le malheur de la patrie, le prophète Marat n'eut que trop souvent le sort

de Cassandre. On riait de ses oracles patriotiques, et ses intentions toujours pures furent sans cesse dénigrées par les libellistes de l'aristocratie, et plusieurs fois calomniées par les écrivains ordinaires qui n'avaient point le secret de lire dans l'avenir. Ce qui a fait dire à Marat : « Qu'il était cruel d'avoir eu raison dix-huit » mois d'avance. »

Un orateur patriote a comparé *Marat au fils de Marie*. Cette comparaison est juste sous plus d'un rapport. Comme Jésus, Marat aima ardemment le peuple, et n'aima que lui. Comme Jésus, Marat détesta les rois, les nobles, les prêtres, les riches, les fripons. Comme Jésus, il ne cessa de combattre ces pestes de la société ; et comme Jésus il mena une vie pauvre et frugale ; après la mort de l'ami du peuple, son honorable indigence fut constatée à la grande confusion des vils calomniateurs qui, pendant tout le cours de la révolution, l'avaient peint comme l'agent et le mercenaire de tous les ennemis de la liberté. Un assignat de vingt-cinq sous faisait tout *l'avoir* de ce législateur désintéressé dont la république a payé les funérailles. Comme Jésus, Marat fut extrêmement sensible et humain ; il avait l'ame sublime de Rousseau. Il portait dans son cœur tous les infortunés, et l'on sait que la femme abominable qui l'assassina ne parvint à s'approcher de son bain qu'en feignant d'être malheureuse et persécutée.

Marat, après avoir vécu comme Jésus, fût mort comme lui sur l'échafaud, ou, comme Socrate, il eût bu la ciguë, si le peuple français eût été aussi vil, aussi brut que le peuple israélite, ou si le tribunal révolutionnaire eût été aussi mal composé que l'aréopage, et qu'il eût sacrifié la justice et l'innocence au ressentiment des factieux. Mais si le glaive de la loi respecta les jours de cet homme vertueux, la fin de sa carrière ne fut pas plus heureuse que celle du républicain de la Judée ou du sage de la Grèce. Un monstre, sous la figure d'une femme, arme son bras parricide en faveur des conjurés, et devient le lâche instrument qu'emploie la faction pour poignarder l'énergique patriote dont elle n'a pu proscrire la tête ni tromper la vigilance. L'ami du peuple est assassiné et meurt martyr de sa vertu et de son patriotisme..... Citoyens, c'est à nous, c'est à tous les vrais républicains qu'est réservé le soin de le venger. Que le sang des traîtres, des rebelles et des esclaves coule à grands flots et apaise les mânes de ce grand homme. Oui,

Marat, et toi, Lepelletier, vous tous généreux sans-culottes qui avez versé votre sang pour la défense de la liberté, vous serez vengés.

Note (E), page 65.

Rapport fait à l'Assemblée nationale par le commandant de garde au poste des appartemens du traître Louis XVI, depuis le jeudi 9 jusqu'au vendredi 10 ; contenant les détails du rassemblement des chevaliers du poignard, la conduite qu'ils ont tenue pendant la nuit, le combat qu'ils ont voulu livrer dans le cabinet et en présence de ce perfide, et l'infidélité de ses assassins Suisses.

Législateurs,

J'ai cru qu'il était du devoir d'un citoyen libre de dévoiler à la France entière, dans le sein de l'auguste sénat de ses représentans, toutes les trames infernales du complot et du massacre qui a eu lieu au château des Tuileries où j'ai commandé le premier poste.

Je vais vous rendre un compte fidèle de tous les faits qui sont venus à ma connaissance, dans cette malheureuse affaire, depuis le jeudi matin jusqu'au vendredi, époque mémorable où les Français ont encore une fois reconquis leur liberté. J'entrerai dans les plus petits détails, parce que le poste que je commandais était justement celui où la scène devait se passer.

Le jeudi matin, j'appris que des particuliers avaient été chez des fourreurs pour y louer des bonnets de grenadiers, offrant de déposer le montant desdits bonnets, parce que, dirent-ils, ils n'en avaient besoin que pour un jour, leur dessein étant de renforcer la garde du roi, qui ne pouvait être trop forte dans la circonstance où le château se trouvait menacé.

Ce détail devint pour moi un avis, et j'en profitai.

Rendu au chef-lieu du rassemblement de la légion, et lorsque nous fûmes en bataille, j'instruisis tous les officiers, qui, comme moi, devaient commander les différens postes, de ce que je venais d'apprendre.

Les postes, entre les officiers, furent tirés au sort, comme il est d'usage, et le hasard me donna celui des appartemens du roi. Lorsque j'en eus pris possession, je donnai la consigne de ne laisser sortir personne, et je fis faire une liste exacte, d'après laquelle je fis ranger messieurs les volontaires pour en faire l'appel nominal, en les prévenant que je renouvellerais fréquemment ce même appel,

et que, si quelqu'un d'eux y manquait, je l'appointerais d'une heure
de plus de faction.

Peu de temps après que j'eus pris possession de mon poste, je
reçus un ordre de la part de l'état-major, qui portait que, s'il se présentait à la porte de l'entrée des appartemens du roi un homme en
garde national, soi-disant pour renforcer ou compléter le poste, ayant
la taille de cinq pieds un pouce, la figure basannée, le visage plat,
le nez court et écrasé, les yeux bruns, cheveux et sourcils noirs,
je le fisse arrêter, parce que son projet était d'assassiner le roi.

Un second ordre me fut encore apporté de la part de l'état-major
que, s'il se présentait pareillement à la porte des appartemens du
roi une députation ou détachement en armes ou sans armes, qui,
soi-disant devait être envoyée pour parler au roi, de la part des
Marseillais, je m'opposasse à son entrée, et que j'en avertisse
l'état-major qui, conjointement avec le roi, verrait à décider
sur la demande de cette députation, parce que, dans ce détachement ou députation, devait se trouver le même particulier ci-dessus désigné. Je transmis sur-le-champ cet ordre à mes sentinelles ;
mais aucun de ces déguisés ne s'est présenté.

A quatre heures après-midi, l'on rapporta à l'état-major que
les Marseillais se rassemblaient au faubourg Saint-Antoine pour
venir dans la nuit assiéger le château ; qu'ils devaient venir au nombre de 3,000 ; qu'à onze heures l'on devait sonner le tocsin et battre
la générale, et que de minuit à deux heures, l'attaque devait avoir
lieu ; que leur projet était de ne faire grâce à personne, et que
tout garde national, qui serait pris les armes à la main, serait
taillé en pièces.

Le maire et plusieurs membres de la municipalité vinrent, à
différentes fois dans la soirée, chez le roi. Le maire rassura le
roi en lui disant que les prétendus rassemblemens n'étaient que
peu conséquens, et fut mandé à l'Assemblée nationale. Dans cet
intervalle, il vint également différens officiers du département. A
onze heures, un officier de la gendarmerie dit venir de la Bastille
et avoir vu le rassemblement, qui pouvait être de douze à quinze
cents personnes. Alors la crainte parut se manifester à l'état-major qui prit la résolution d'envoyer un ordre à tous les commandans de bataillons, de rappeler sur-le-champ les citoyens dans
leur arrondissement, afin qu'ils réunissent le plus de volon-

taires possible aux chefs-lieux du rassemblement respectif de chacun des dits bataillons, pour être prêts à marcher, au premier ordre qu'ils recevraient, avec leurs drapeaux et leurs canons. Je fus chargé de faire passer cet ordre au sieur Vincent, commandant du huitième bataillon de la sixième légion, dans lequel je sers. D'après le départ de cet ordre, je retournai aux appartemens du roi, que j'avais peu quittés, et les trouvai considérablement remplis de différens particuliers, à moi inconnus, partie habillés en uniforme différens, et le reste en habits de différentes couleurs. Cette foule d'individus me parurent dès ce moment suspects; ils s'y étaient introduits au moyen d'une consigne qui ordonnait l'entrée libre à tout porteur d'une carte bleue, portant en lettres noires : *Entrée des appartemens.* Comme l'heure du coucher du roi arrivait, je crus que cette foule de courtisans était venue pour y assister, et qu'après son coucher ils se retireraient ainsi que de coutume. Le roi ne se coucha pas, et le nombre de ces mêmes courtisans, jusqu'à plus de trois heures, devenait si grand, qu'à peine on pouvait obtenir passage pour se rendre au cabinet du roi.

Vers les trois heures, plusieurs détachemens de différens bataillons, avec ou sans canons, étaient réunis dans les cours et le jardin du château. A cinq heures, j'ai évalué la force à peu près à dix mille hommes. Alors la certitude de l'attaque se confirmait de plus en plus. M. de la Chenaye et le commandant en second des Suisses me proposèrent, devant la porte de l'état-major, un renfort d'un détachement de Suisses, qui était de la compagnie Colonelle. Ce dernier me dit qu'il tenait infiniment à ce que les deux corps n'en fissent qu'un, et qu'il me priait de donner ordre à douze ou vingt hommes de mon poste de prendre la droite de l'escalier qui conduit de la chapelle à l'appartement du roi. Je refusai de fournir ce détachement, ne voulant et ne devant pas affaiblir mon poste qui n'était que de quarante-huit volontaires, et fournissait sept factionnaires. L'état-major alors m'envoya vingt hommes de différens postes pour y suppléer : je les plaçai à la droite de l'escalier. Les Suisses, à la tête desquels étaient leurs officiers, vinrent occuper la gauche, quoiqu'ils ne devaient être que sous mon commandement, attendu qu'ils étaient dans mon arrondissement ; et ce renfort m'avait été proposé, soi-disant pour défendre l'entrée de mon corps de réserve, qui était dans la salle des gardes, ainsi que de coutume.

Le danger s'accroissant de plus en plus, il fallait prendre un parti décisif; celui de la conciliation me paraissait préférable. Dans le même moment, on vint me dire que l'état-major faisait une pétition pour être présentée à l'Assemblée nationale, afin d'obtenir un décret qui était d'avance mon vœu : c'était de conduire le roi et sa famille à l'Assemblée. En effet, on apporte cet écrit dans la cour, j'y appose ma signature dans la bonne foi où j'étais qu'il n'avait pas d'autres vues.

J'appris une demi-heure après que je n'avais pas signé ce que j'avais cru, mais bien une pétition tendante à demander qu'il fût rendu un décret pour le renvoi, dans la matinée, de tous les fédérés qui sont dans la capitale, ainsi que les Marseillais et les Bretons. Ces derniers y étaient désignés comme assassins. Je fis alors tous mes efforts pour ravoir cette pétition, pour en effacer ma signature; mais il n'en était plus temps, la confusion paraissait naître entre les officiers supérieurs, et il était difficile d'avoir d'eux quelques renseignemens. Il était environ cinq heures et demie. Le roi avait été conseillé de faire sans doute une démarche qui me parut de la dernière inconséquence : revenant de l'état-major, j'entendis des cris de *vive le roi !* j'accourus à mon poste, et je le rencontrai au bas du grand escalier, entouré de plus de cinquante personnes, dont la plus grande partie étaient des officiers-généraux et des courtisans, le surplus des grenadiers. Je remontai vite à mon poste, et demandai si l'on avait pris les armes et crié *vive le roi !* mes camarades me répondirent que non, je les en félicitai. Alors par les croisées de mon poste, j'ai vu le roi passer en revue les différens détachemens des cours et du jardin, qui ont crié, au moment de son passage, *vive la nation !* et les courtisans continuaient de crier *vive le roi !* Toutes les troupes, après le passage du roi, me parurent témoigner du mécontentement. A peine le roi fut-il remonté, qu'une partie des troupes et de l'artillerie qu'il avait passées en revue, se retirèrent. A cinq heures trois quarts, il ne nous restait plus qu'environ deux mille hommes.

Il s'était introduit avec lui un quidam, porteur d'une espingole; j'en fus averti; je me transportai dans les appartemens, et le trouvai dans la chambre à coucher du roi; je lui ordonnai à l'instant de me suivre pour le conduire à l'état-major, où je lui demandai qui il était. Il me répondit qu'il se nommait Bazancourt, et qu'il était du bataillon des Filles-Saint-Thomas. Le chef de bataillon, de garde avec moi, se chargea de le faire reconnaître au bataillon duquel il se réclamait : il fut reconnu pour en être. Peu après, il s'était encore introduit dans les appartemens où je l'ai reconnu lors de l'action.

Vers les six heures et demie, le peuple, uni aux Marseillais, parut, en bon ordre, se ranger en bataille sur la place du Carrousel et en face du château ; je vis qu'il était temps de prendre des ordres ; je fus à l'état-major : je ne pus parvenir à en recevoir de M. de la Chenaye qui me fit réponse que je le laissasse un peu tranquille, parce qu'il avait la tête fatiguée ; il me parut n'être plus à son poste, ce qui me détermina à prendre les mesures les plus sages. Je remontai au mien pour y rassembler tous les volontaires qui s'y trouvaient, et leur fis former le cercle ; alors, au milieu d'eux, je leur dis : « Messieurs, comme je ne commande point des esclaves soudoyés par un despote, ma démarche au milieu de vous est pour connaître vos intentions, et vous déclarer les miennes : dans un moment où tout va dépendre du sort de la France, je compte, Messieurs, maintenir l'honneur de mon poste, et ne le livrer qu'à une force supérieure à la mienne ; ce sabre qui est dans mes mains ne sera jamais plongé dans le sein de ma famille, ni dans celui de mes amis ; mais je cesserais de les regarder pour tels s'ils faisaient feu sur nous, et alors je vous ordonnerais de le défendre. Est-ce là votre avis ? » Tous me dirent qu'ils obéiraient ; je fis rompre le cercle.

Je retournai à l'état-major, et, descendant l'escalier, je vis les officiers suisses verser eux-mêmes de l'eau-de-vie à leurs soldats. Un officier-général, portant l'habit bleu brodé en or, me dit : « Vos volontaires doivent avoir besoin de rafraîchissemens ; voulez-vous que je vous fasse donner de l'eau-de-vie et du pain ? » Je lui répondis qu'ils n'avaient besoin de rien, qu'au surplus je pourvoirais à leurs besoins.

L'on profita de mon absence, qui ne fut que d'un moment, pour m'enlever vingt hommes de mon poste ; sitôt mon retour, je m'en aperçus, et demandai où ils étaient ; l'on me dit qu'un officier-général était venu les chercher. J'entrai alors dans les appartemens.

et les retrouvai à la porte du cabinet du roi, bordant la haie des
deux côtés. Mécontent de cette disposition sans mon aveu, je
m'adressai au sieur Doucet, adjudant, qui était à écrire dans le
cabinet du roi. Je me présentai à lui pour savoir si mon poste avait
été dégarni par lui ; il me dit que non. Alors je lui dis que j'allais
les ramener, et ce que j'allais effectuer en leur commandant de
porter les armes.

Le moment était arrivé où le voile qui couvrait l'horrible complot conspiré contre nous devait être déchiré. Une voix autre que
la mienne fait commandement : Par le flanc droit, à droite ; par
file à gauche, marche. Alors, à ce dernier commandement, cette
foule de courtisans, au nombre de six à huit cents, déployèrent
chacun leurs armes : les uns des espingoles, d'autres des poignards,
des sabres courts, des pistolets, des couteaux-de-chasse, des pelles,
des flambeaux, etc., et je reconnus parmi eux celui que j'avais
remis entre les mains du commandant de bataillon. A leur tête,
sur trois de hauteur, marchait un petit homme basanné, figure
pâle et plate, la boutonnière bigarrée de deux croix, dont l'une est
celle de Saint–Louis, et que j'ai reconnu pour être le commandant
en second des gardes du roi ; ils défilèrent au milieu des volontaires
que j'allais ramener, et allèrent se ranger en ordre de bataille dans
le cabinet du roi. Mon premier mouvement fut de tirer mon
sabre ; mais, réfléchissant que je n'avais que vingt hommes avec
moi, je restai dans l'intention d'exécuter mon projet sitôt qu'il se
serait réuni quelques forces à moi.

Dans cet instant, le roi fut mandé, par un soi-disant décret, à
l'Assemblée nationale ; comme il était de mon devoir de l'y accom-
pagner, je disposai les troupes qui devaient protéger son passage,
et une petite partie de ces mêmes chevaliers s'y prêtèrent. J'ordonnai aux Suisses qui étaient sous mon commandement de faire
l'avant-garde ; un détachement du bataillon des Filles-St.-Thomas
se trouvant sur le passage, je lui ordonnai de faire l'arrière-garde.
Nous marchâmes dans cet ordre jusqu'à environ cinquante pas
de la terrasse sur laquelle l'affluence du peuple témoignait son juste
mécontentement. Craignant qu'il n'opposât de la résistance au
passage du roi, je lui dis : Sire, le peuple me paraît agité, et je
crois qu'il serait prudent de le prendre par la voie de la douceur ;
M. Rœderer fut de mon avis.

Alors le roi consentit à tout. Je donnai des ordres à la tête de la colonne de faire halte; je m'avançai seul vers le peuple, mon sabre dans le fourreau, et lui dis : « Mes amis, l'Assemblée nationale a rendu un décret qui mande le roi dans son sein, et m'ordonne en même temps de protéger son passage; je suis, comme vous, bon citoyen, et je sais respecter la terre de la liberté sur laquelle vous êtes, et aucun soldat que je commande ne passera la première marche de ce perron. Je transmettrai le roi au bord du passage que vous allez lui faire, et dès ce moment vous en serez vous-mêmes les gardiens. Si vous étiez capables d'oublier un moment le dépôt que je vais remettre entre vos mains, songez que la nation entière aura le droit de vous en demander compte : mais je parle à des hommes libres, cela suffit.

Ces bons citoyens m'ouvrirent le passage, et je me rendis à l'Assemblée nationale, où je demandai des gendarmes et des gardes nationaux pour border la haie, ce qui me fut accordé. Je retournai vers le roi, et, étant à dix pas du perron, je commandai halte. Le peuple, déjà indigné contre les Suisses, redoublait ses murmures; j'employai alors tout ce que la prudence exigeait pour l'apaiser : je commandai tête de colonne par file à droite et à gauche, et ils passèrent derrière. Le roi était pour lors à découvert, et les citoyens lui manifestèrent hautement leur mécontentement, entre autres un qui voulut lui parler; je le pris par la main, et le conduisis au roi. Il lui dit : « Sacredieu ! donnez-moi la main, et f...... soyez sûr que vous tenez celle d'un honnête homme et non d'un assassin; et, malgré tous vos torts, je réponds de la sûreté de vos jours; je vais vous conduire à l'Assemblée nationale ; mais pour votre femme, elle n'entrera pas ; c'est une...... .... qui a fait le malheur des Français (1). Le roi lui serra la main, et parut avoir de la confiance en lui. Alors on s'approcha du perron : mais tout-à-coup les cris redoublèrent que l'épouse du roi n'entrerait pas à l'Assemblée. M. Rœderer, à son tour, quitta le roi pour s'approcher

---

(1) On voit par cette anecdote, et l'on verra, par vingt autres du même genre, à quel point et avec quelle odieuse adresse, quel constant acharnement, on égarait le peuple sur les intentions et la conduite de l'infortunée Marie-Antoinette. Malgré le dégoût qu'ils inspirent, c'est un devoir de conserver de pareils traits, parce qu'ils peignent le délire du temps. (*Note des édit.*)

du perron, et, tenant le livre de la loi, il dit au peuple . « De par
» la loi, peuple français, peuple libre, l'Assemblée nationale a
» rendu un décret par lequel elle appelle en son sein le roi, le
» prince royal, la reine, la fille du roi, la sœur du roi, toute la
» famille entière du roi ; et vous devez, aux termes de la loi et de
» la liberté, ne point vous opposer à son passage. » Du moment de
cette promulgation, le calme renaît parmi le peuple, et aucun
obstacle ne s'y est opposé.

Comme j'ignorais le temps que le roi pouvait rester à l'Assemblée, j'y restai en station. A peine y avait-il une demi-heure, que
j'entendis se faire une décharge de mousqueterie au château. J'a-
vais laissé le commandement de mon poste au jeune Moune,
chasseur et sergent de la compagnie que j'ai l'honneur de commander. Je quittai tout-à-coup l'Assemblée pour voler à son secours. Quel spectacle, Grand Dieu ! le jour était déjà obscurci par
l'horrible fumée de la poudre; il était impossible d'y reconnaître
ses camarades : le grand escalier était déjà jonché de morts et de
blessés.

Je dois vous apprendre, législateurs, que le jeune Moune avait
envoyé, de concert avec les officiers suisses, en députation aux
Marseillais, trois vétérans et un grenadier, qui, porteurs de ses
ordres, avaient assuré les Marseillais qui étaient paisiblement dans
la cour, que les soldats qui étaient à mon poste n'étaient pas faits
pour souiller leurs armes du sang de leurs frères. Les Suisses, à
cette conciliation, jetèrent des paquets de cartouches par les croisées; au même instant les cris de *vive la nation* retentirent partout,
et ces mêmes députés, avec les Marseillais et les volontaires de la
garde parisienne, croyant qu'ils se rendaient au vœu du peuple,
se présentèrent en foule et sans ordre au grand escalier de l'appartement du roi.

Ces Suisses assassins firent feu de bataillon sur nos frères, et de
suite feu de file ; de sorte qu'en trois décharges il resta plus de
cent victimes de leur férocité sur ledit escalier.

Législateurs, *vengez nos frères !* c'est la seule récompense que je
demande à la patrie, si j'ai mérité d'elle dans la conduite que j'ai
tenue dans cette malheureuse affaire.

Signé F. V...,
Soldat citoyen, et capitaine de chasseurs.

Note (F), *page 75.*

Ordre, marche et détail des cérémonies pour la fédération du 10 août 1793, au Champ-de-Mars, sur l'autel de la patrie. — Décret de la Convention nationale qui en ordonne l'envoi aux départemens et aux armées. — Mesures prises par le département pour que les fédérés ne soient pas logés chez les aristocrates. — Vigilance des sections.

Le rapporteur, au nom du comité d'instruction publique :

Chargé par votre comité d'instruction publique de vous faire un rapport sur la fête de la réunion qui doit avoir lieu le 10 du mois d'août, dans le Champ-de-Mars, sur l'autel de la patrie, je m'empresse d'offrir à vos lumières le résultat de mes réflexions.

Ne vous étonnez pas, citoyens, si dans ce rapport je me suis écarté de la marche usitée jusqu'à ce jour. Le génie de la liberté, vous le savez, n'aime pas les entraves ; pour réussir tous les moyens d'y parvenir sont indifférens.

Peuple magnanime et généreux, peuple vraiment digne de la liberté, peuple français, c'est toi que je vais offrir en spectacle aux yeux de l'Éternel ; en toi seul il reconnaîtra son ouvrage, il va voir les hommes égaux et frères, comme ils sont sortis de ses divines mains. Amour de l'humanité, liberté, égalité, ranimez mes pinceaux.

Les Français, réunis pour célébrer la fête de l'unité et de l'indivisibilité, se lèveront avant l'aurore ; la scène touchante de leur réunion sera éclairée par les premiers rayons du soleil ; cet astre bienfaisant dont la lumière s'étend sur tout l'univers, sera pour eux le symbole de la vérité à laquelle ils adresseront des louanges et des hymnes.

Première station.

Le rassemblement se fera sur l'emplacement de la Bastille ; au milieu de ses décombres on verra s'élever la fontaine de la régénération, représentée par la nature ; de ses fécondes mamelles, qu'elle pressera de ses mains, jaillira avec abondance l'eau pure et salutaire dont boiront tour à tour les quatre-vingt-six commissaires envoyés des assemblées primaires, c'est-à-dire un par département : le plus ancien d'âge aura la préférence ; une seule et même coupe suffira pour tous.

Le président de la Convention nationale, après avoir, par une espèce de libation, arrosé le sol de la liberté, boira le premier ; il fera successivement passer la coupe aux commissaires des envoyés des assemblées primaires, qui seront appelés par lettre alphabétique, au son de la caisse et de la trompe : une salve d'artillerie, à chaque fois qu'un commissaire aura bu, annoncera la consommation de l'acte de fraternité.

Alors on chantera, sur l'air chéri des enfans de Marseille, des strophes analogues à la cérémonie ; le lieu de la scène sera simple, sa richesse sera prise dans la nature ; de distance en distance, on verra tracées sur des pierres des inscriptions qui rappelleront la chute du monument de notre ancienne servitude ; et les commissaires, après avoir bu tous ensemble, se donneront réciproquement le baiser fraternel.

Le cortége dirigera sa marche par les boulevards : en tête seront les sociétés populaires réunies en masse ; elles porteront une bannière sur laquelle sera peint l'œil de la surveillance pénétrant un épais nuage.

Le second groupe sera formé par la Convention nationale, marchant en corps ; chacun de ses membres portera à la main, pour seule et unique marque distinctive, un bouquet formé d'épis de blé et de différens fruits ; huit d'entre eux porteront sur un brancard une arche ; elle sera ouverte et elle renfermera les tables sur lesquelles seront gravés les droits de l'homme et l'acte constitutionnel.

Les commissaires des envoyés des assemblées primaires des quatre-vingt-six départemens formeront une chaîne autour de la Convention nationale ; ils seront unis les uns aux autres par le lien léger, mais indissoluble, de l'unité et de l'indivisibilité, que doit former un cordon tricolore. Chacun d'eux sera distingué par une pique, portion du faisceau qui lui aura été confié par son département, qu'il tiendra d'une main avec une banderolle sur laquelle sera écrit le nom de son département, et par une branche d'olivier qu'il portera de l'autre, symbole de la paix.

Les envoyés des assemblées primaires porteront également à la main la branche d'olivier.

Le troisième groupe sera composé par toute la masse respectable du souverain : ici tout s'éclipse, tout se confond en présence des assemblées primaires : ici il n'y a plus de corporation, tous les individus utiles de la société seront indistinctement confondus, quoique caractérisés par leurs marques distinctives ; ainsi l'on verra le président du conseil exécutif provisoire sur la même ligne que le forgeron ; le maire avec son écharpe, à côté du bucheron ou du maçon ; le juge dans son costume avec son chapeau à plumes, auprès du tisserand ou du cordonnier ; le noir Africain, qui ne diffère que par la couleur, marchera à côté du blanc Européen ; les intéressans élèves de l'Institution des Aveugles, traînés sur un plateau roulant, offriront le spectacle touchant *du malheur honoré*.

Vous y serez aussi, tendres nourrissons de la maison des Enfans-Trouvés, portés dans de blanches barcelonnettes ; vous commencerez à jouir de vos droits civils trop justement recouvrés. Et vous, artisans respectables, vous porterez en triomphe les instrumens utiles et honorables de votre profession. Enfin, parmi cette nombreuse et industrieuse famille, on remarquera surtout un char vraiment triomphal que formera une simple charrue, sur laquelle seront assis un vieillard et sa vieille épouse, traînés par leurs propres enfans ; exemple touchant de la piété filiale et de la vénération pour la vieillesse. Parmi les attributs de tous ces différens métiers, on lira ces mots écrits en gros caractères : VOILA LE SERVICE QUE LE PEUPLE INFATIGABLE REND A LA SOCIÉTÉ HUMAINE.

Un groupe militaire succèdera à celui-ci ; il conduira en triomphe un char attelé de huit chevaux blancs. Il contiendra une urne dépositaire des cendres des héros morts glorieusement pour la patrie. Ce char, orné de guirlandes et de couronnes civiques, sera entouré des parens de ceux dont on célébrera les vertus et le courage ; ces citoyens, de tout âge et de tout sexe, auront chacun des couronnes de fleurs à la main ; des cassolettes brûleront des parfums autour du char, et une musique militaire fera retentir les airs de ses sons belliqueux. Enfin, la marche sera fermée par un détachement d'infanterie et de cavalerie, dans le centre duquel

seront traînés des tombereaux revêtus de tapis parsemés de fleurs-
de-lis, et chargés des dépouilles des vils attributs de la royauté,
et de tous ces orgueilleux hochets de l'ignorante noblesse. Parmi
ces tombereaux, sur des bannières, on lira ces mots : PEUPLE,
VOILA CE QUI A FAIT TOUJOURS LE MALHEUR DE LA SOCIÉTÉ HU-
MAINE.

Deuxième station.

Le cortége étant arrivé dans cet ordre au boulevard Poisson-
nière, on rencontrera, sous un portique ou arc de triomphe, les
héroïnes des 5 et 6 octobre 1789, assises, comme elles étaient alors,
sur leurs canons; les unes porteront des branches d'arbres, les
autres des trophées, signe non équivoque de la victoire éclatante
que ces courageuses citoyennes remportèrent sur les serviles gardes-
du-corps. Là, elles recevront, des mains du président de la Convention nationale, une branche de laurier; puis, faisant tourner
leurs canons, elles suivront en ordre la marche, et toujours dans
une attitude fière, elles se réuniront au souverain.

Sur le monument il y aura des inscriptions qui retraceront ces
deux mémorables journées. Les harangues, les chants d'allégresse,
les salves d'artillerie se renouvelleront à chacun des postes.

Troisième station.

Citoyens, nous sommes arrivés à l'immortelle et impérissable
journée du 10; c'est sur la place de la Révolution, c'est à l'endroit
où est mort le tyran qu'il convient de la célébrer.

Sur les débris existans du piédestal de la tyrannie, sera élevée
la statue de la liberté, dont l'inauguration se fera avec solennité;
des chênes touffus formeront autour d'elle une masse imposante
d'ombrage et de verdure; le feuillage sera couvert des offrandes de
tous les Français libres, rubans tricolores, bonnet de la liberté,
hymnes, inscriptions, peintures, et tous les emblèmes qui plaisent
à la déesse. A ses pieds sera un énorme bûcher avec des gradins
au pourtour : c'est là que, dans le plus profond silence, seront of-
ferts en sacrifice expiatoire les imposteurs attributs de la royauté;
là, en présence de la déesse chérie des Français, les quatre-vingt-
six commissaires, chacun une torche à la main, s'empresseront à
l'envi d'y mettre le feu. Là, la mémoire du tyran sera dévouée à

l'exécration publique, et, aussitôt après, des milliers d'oiseaux, rendus à la liberté, portant à leurs cols de légères banderolles sur lesquelles seront écrits quelques articles des Droits de l'Homme, prendront leur vol rapide dans les airs, et porteront au ciel le témoignage de la liberté rendue à la terre.

Quatrième station.

La quatrième station se fera sur la place des Invalides. Au milieu de la place, sur la cime d'une montagne, sera représenté en sculpture, par une figure, *le peuple français*, de ses bras vigoureux rassemblant le faisceau départemental ; l'ambitieux fédéralisme sortant de son fangeux marais, d'une main écartant les roseaux, s'efforce de l'autre d'en détacher quelque portion ; le peuple français l'aperçoit, prend sa massue, le frappe et le fait rentrer dans les eaux croupissantes pour n'en sortir jamais.

Cinquième station.

Enfin, la cinquième et dernière station aura lieu au Champ-de-Mars ; avant d'y entrer, on rendra un hommage éclatant à l'égalité par un acte authentique et nécessaire dans une république. On passera sous un portique dont la nature seule semblera avoir fait tous les frais ; deux thermes, symbole de l'égalité et de la liberté, ombragés par un épais feuillage, séparés et en face l'un de l'autre, tiendront, à une distance proportionnée, une guirlande tricolore et tendue, à laquelle sera suspendu un vaste niveau, le niveau national ; il planera sur toutes les têtes indistinctement : orgueilleux, vous courberez la tête.

Arrivés au Champ-de-Mars, le président de la Convention nationale, la Convention nationale, les quatre-vingt-six commissaires des envoyés des assemblées primaires, les envoyés des assemblées primaires, monteront les degrés de l'autel de la patrie. Pendant ce temps, chacun ira attacher son offrande au pourtour de l'autel, les fruits de son travail, les instrumens de son métier et de son art : c'est ainsi qu'il se trouvera plus magnifiquement paré que par les emblèmes d'une futile et insignifiante peinture ; c'est un peuple immense et laborieux qui fait hommage à la patrie des instrumens de son métier avec lesquels il fait vivre sa femme et ses enfans.

Cette cérémonie terminée, le peuple se rangera autour de l'autel : là, le président de la Convention nationale ayant déposé sur l'autel de la patrie tous les actes de recensement des votes des assemblées primaires, le vote du peuple français sur la Constitution sera proclamé en présence de tous les envoyés du souverain et sous la voûte du ciel. Le peuple fera serment de la défendre jusqu'à la mort : une salve d'artillerie annoncera cette sublime prestation.

Le serment fait, les quatre-vingt-six commissaires des envoyés des assemblées primaires s'avanceront vers le président de la Convention ; ils lui remettront chacun la portion de faisceau qu'ils ont portée à la main tout le temps de la marche. Le président s'en saisira ; il les rassemblera toutes ensemble avec un ruban tricolore, puis il remettra au peuple le faisceau étroitement uni, en lui représentant qu'il sera invincible s'il ne le divise pas ; il lui remettra aussi l'arche qui renferme la Constitution ; il prononcera à haute voix : « Peuple, je remets le dépôt de la Constitution *sous la sauvegarde de toutes les vertus.* » Le peuple s'en emparera respectueusement ; il les portera en triomphe, et des baisers fraternels mille fois répétés termineront cette scène nouvelle et touchante.

Citoyens, n'oublions pas les services glorieux qu'ont rendus à la patrie nos frères morts pour la défense de la liberté ; après avoir confondu nos sentimens mutuels dans de tendres embrassemens, il nous reste un devoir sacré à remplir, celui de célébrer par des hymnes et des cantiques le trépas glorieux de nos frères. Le président de la Convention nationale remettra au peuple l'urne cinéraire, après l'avoir couronnée de laurier sur l'autel de la patrie. Le peuple s'en emparera majestueusement, il ira la déposer dans l'endroit désigné pour y être élevé par la suite une superbe pyramide. Le terme de toutes ces cérémonies sera un banquet frugal ; le peuple, assis fraternellement sur l'herbe et sous des tentes pratiquées à cet effet au pourtour de l'enceinte, confondra avec ses frères la nourriture qu'il aura apportée. Enfin, il sera construit un vaste théâtre où seront représentés, par des pantomimes, les principaux événemens de notre révolution.

Indépendamment du décret que vous avez rendu pour le traitement de route et du séjour à Paris des envoyés des assemblées primaires, il sera pourvu par la municipalité au logement des envoyés des assemblées primaires : l'honneur d'exercer envers eux les droits sacrés de l'hospitalité sera réservé aux citoyens estimés par leurs sections pour être les plus vertueux , ou qui auront rendu le plus de services à la révolution ; comme ceux-là sont souvent les plus indigens, il leur sera accordé une indemnité honorable pour qu'ils puissent mieux accueillir leurs hôtes ; tous également doivent recevoir cette indemnité. Le portique de la maison qu'habitera un envoyé des assemblées primaires sera décoré de guirlandes de chêne ; ces maisons seules jouiront de cet honneur , toutes les autres auront seulement , ainsi que celles-ci , une flamme tricolore sur le comble.

Décret rendu à la suite de ce rapport.

La Convention nationale, après avoir entendu le rapport de son comité d'instruction publique, décrète que ce rapport sera imprimé, affiché et envoyé aux départemens et aux armées ; charge le conseil exécutif provisoire de toutes les dispositions nécessaires dont les frais seront acquittés par le Trésor national ; autorise le comité d'instruction publique à nommer deux commissaires qui surveilleront immédiatement les préparatifs et l'exécution.

Signé B. GUILLEMARDET.

Note (G), *page* 75.

Recueil des six Discours prononcés par le président de la Convention nationale , le 10 août de l'an 2ᵉ de la république , aux six stations de la fête de l'unité et de l'indivisibilité de la république.

Première station à la fontaine de la régénération.

SOUVERAINE du sauvage et des nations éclairées, ô nature ! ce peuple immense , rassemblé aux premiers rayons du jour devant ton image , est digne de toi, il est libre. C'est dans ton sein , c'est dans tes sources sacrées qu'il a recouvré ses droits, qu'il s'est régénéré. Après avoir traversé tant de siècles d'erreurs et de servitude, il fallait rentrer dans la simplicité de tes voies pour retrouver l'égalité et la liberté. O nature! reçois l'expression de l'attachement des Français pour tes lois, et que ces eaux fécondes qui jaillissent de tes mamelles, que cette boisson pure qui abreuva les premiers humains, consacrent, dans cette coupe de la fraternité et de l'égalité, les sermens que te fait la France en ce jour le plus beau qu'ait éclairé le soleil depuis qu'il a été suspendu dans l'immensité de l'espace!

Seconde station devant l'arc de triomphe.

Quel spectacle! la faiblesse du sexe et l'héroïsme du courage! ô liberté! ce sont là tes miracles! c'est toi qui, dans ces deux journées, où le sang à Versailles commença à expier les crimes des rois, allumas dans le cœur de quelques femmes cette audace qui fit fuir ou tomber devant elles les satellites du tyran! Par toi, sous des mains délicates, roulèrent ces bronzes, ces bouches de feu qui firent entendre à l'oreille d'un roi le tonnerre, augure du changement de toutes les destinées. Le culte que t'ont voué les Français, a été impérissable à l'instant où tu es devenue la passion de leurs compagnes. O femmes! la liberté, attaquée par tous les tyrans, pour être défendue, a besoin d'un peuple de héros; c'est à vous à l'enfanter. Que toutes les vertus guerrières et généreuses coulent avec le lait maternel dans le cœur des nourrissons de la France. Les représentans du peuple souverain, au lieu de fleurs qui parent la beauté, vous offrent le laurier, emblème du courage et de la victoire; vous le transmettrez à vos enfans.

Troisième station à la place de la Révolution.

Ici la hache de la loi a frappé le tyran. Qu'ils périssent aussi ces signes honteux d'une servitude que les despotes affectaient de reproduire sous toutes les formes à nos regards! que la flamme les dévore, qu'il n'y ait plus d'immortel que le sentiment de la vertu qui les a affacés. Justice, vengeance, divinités tutélaires des peuples libres, attachez à jamais l'exécration du genre humain au nom du traître qui, sur un trône relevé par la générosité, a trompé la confiance d'un peuple magnanime. Hommes libres, peuple d'égaux, d'amis et de frères, ne composez plus les images de votre grandeur que des attributs de vos travaux, de vos talens et de vos vertus. Que la pique et le bonnet de la liberté, que la charrue et la gerbe de blé, que les emblèmes de tous les arts, par qui la société est enrichie, embellie, forment désormais toutes les décorations de la république. Terre sainte, couvre-toi de ces biens réels qui se partagent entre tous les hommes, et deviens stérile pour tout ce qui ne peut servir qu'aux jouissances exclusives de l'orgueil.

Quatrième station au colosse des Invalides.

Peuple français! te voilà offert à tes propres regards sous un emblème fécond en leçons instructives. Le géant dont la main puissante réunit et rattache en un seul faisceau les départemens qui font sa grandeur et sa force, c'est toi! Ce monstre dont la main criminelle veut briser le faisceau, et séparer ce que la nature a uni, c'est le fédéralisme. Peuple dévoué à la haine et à la conjuration de tous les despotes, conserve toute ta grandeur pour défendre ta liberté; qu'une fois au moins sur la terre, la puissance soit alliée à la vérité et à la justice; fais à ceux qui veulent te diviser, la même guerre qu'à ceux qui veulent t'anéantir, car ils sont également coupables; que tes bras, étendus de l'Océan à la Méditerranée, et des Pyrénées au Jura, embrassent partout des frères, des enfans. Retiens, sous une seule loi et sous une seule puissance, une des plus belles portions de ce globe, et que les peuples esclaves, qui ne savent admirer que la force et la fortune, témoins de tes vastes prospérités, sentent le besoin de s'élever, comme toi, à cette liberté qui t'a fait l'exemple de la terre.

Cinquième station à l'autel de la patrie.

Français, vos mandataires ont interrogé, dans 86 départemens, votre raison et votre conscience sur l'acte constitutionnel qu'ils vous ont présenté; 86 départemens ont accepté l'acte constitutionnel; jamais un vœu plus unanime n'a organisé une république plus grande et plus populaire. Il y a un an, notre territoire était occupé par l'ennemi; nous avons proclamé la république, nous fûmes vainqueurs. Maintenant, tandis que nous constituons la

France, l'Europe l'attaque de toutes parts; jurons de défendre la constitution jusqu'à la mort; la république est éternelle.

Sixième et dernier discours au Champ-de-Mars, devant le monument funèbre des guerriers morts pour la patrie.

Au moment où nous venons de proclamer solennellement, en présence du peuple français, l'acceptation de l'acte constitutionnel, pourrions-nous ne pas couronner cette auguste journée par le touchant adieu que nous devons à ceux de nos frères qui ont succombé dans les combats; ils ont été privés de concourir à la constitution de leur pays, ils n'ont pas dicté les articles de la liberté française, mais ils les avaient préparés, inspirés par leur dévouement héroïque. Hommes intrépides ! cendres chères et précieuses ! urne sacrée! je vous salue avec respect, je vous embrasse au nom du peuple français, je dépose sur vos restes protecteurs la couronne de laurier que la Convention nationale et la patrie vous présentent. Ce ne sont pas des pleurs que nous donnerons à votre mémoire: l'œil de l'homme n'est pas fait pour en répandre. Pour qui ces larmes? Serait-ce pour vos parens et pour vos amis ? Votre renommée les console. Ils se sont dit que vous étiez fortunés de reposer dans la gloire. Ils n'ont jamais pu souhaiter que vous fussiez exempts du trépas, mais dignes d'avoir vécu. Serait-ce pour vous? Ah! combien vous avez été heureux ! vous êtes morts pour la patrie, pour une terre chérie de la nature, aimée du ciel ; pour une nation généreuse qui a voué un culte à tous les sentimens, à toutes les vertus; pour une république où les places et les récompenses ne sont plus réservées à la faveur, comme dans les autres États, mais assignées par l'estime et par la confiance. Vous vous êtes donc acquittés de votre fonction d'hommes et d'hommes français, vous êtes entrés sous la tombe après avoir rempli la destinée la plus glorieuse et la plus désirable qu'il y ait sur la terre. Nous ne vous outragerons point par des pleurs.

Mais, ô nos frères ! c'est en vous admirant, c'est en vous imitant, que nous voulons vous honorer ; et si, comme il est doux de le supposer quand on aime, les morts conservent quelques sentimens pour ceux qui vivent, je viens vous dire, au nom de tous vos amis que vous avez laissés sur le sol de la France , que nous sommes prêts à nous dévouer à votre exemple, impatiens d'attendre l'ennemi et de continuer votre valeur, afin qu'on dise que vous étiez vraiment nos proches, et que votre cœur s'en réjouisse ; je viens vous dire que nous tâcherons même de vous surpasser ; car si nous ne faisions que consommer le fonds de gloire que vous nous avez légué, si nos vertus ne luttaient pas avec les vôtres, vous seriez aussi humiliés de cette triste supériorité, que nous sommes en ce jour flattés de celle que vous avez sur nous. La mort moissonne également le lâche et le brave. Quand la destinée nous rappellerait près de vous, comment pourrions-nous supporter votre accueil ? Une voix terrible s'écrierait : *Vous combattiez cependant pour la justice et la liberté !* Non, chers concitoyens, guerriers magnanimes, nous serons dignes de vous, nous n'aurons à recevoir que vos embrassemens, vos éloges ; nous vous aurons vengés ; nous vous raconterons que nos mains ont achevé votre ouvrage ; que vos armes, dont nous avons hérité, étaient invincibles, que la république triomphe ; cette république qui à elle seule tient tête à tous les tyrans, à toutes les viles passions conjurées, à tous les peuples qui se déshonorent ; cette république que l'humanité a chargée de sa cause et qui doit sauver l'univers.

Note (H), page 75.

Eloge funèbre des citoyens morts pour la défense de la liberté et de l'égalité, le 10 août 1792, l'an IV de la liberté, et le Ier de l'égalité ; prononcé le 26 du même mois, en présence de l'Assemblée nationale, lors de la cérémonie funèbre faite en l'honneur de ces généreux citoyens ; par **M. Chénier** ; *imprimé et envoyé aux 83 départemens et à l'armée, par ordre de l'Assemblée nationale.*

CITOYENS,

Dans les beaux jours de la Grèce antique, lorsqu'on venait annoncer la mort des défenseurs de la liberté, la patrie se couvrait d'un voile funèbre. Les larmes du peuple se mêlaient aux cris des orphelins, aux gémissemens des mères et des épouses ; mais bientôt les honneurs rendus à la mémoire de ces guerriers chéris,

servaient à la consolation publique. Leurs noms étaient gravés sur
des mausolées avec le récit des victoires qu'ils avaient remportées;
l'éloquence et la poésie transmettaient leurs exploits aux races
futures ; la patrie adoptait leur famille ; leur image détrônait dans
les places publiques l'image des tyrans abattus. En parcourant
cette terre sacrée, les voyageurs rencontraient sur leur passage les
débris des vainqueurs de Marathon et de Platée ; ils erraient au
milieu des tombeaux d'Épaminondas le Thébain, et de l'Athénien
Thrasybule qui détruisit les trente tyrans ; près de-là le même monument renfermait les restes d'Harmodius et d'Aristogiton, jeunes
et inséparables amis qui brisèrent le joug des Pisistratides. Plus
loin dormait Timoléon qui rétablit la liberté dans Corinthe et
dans Syracuse. Les étrangers visitant la Grèce, environnés partout de la cendre des héros et des monumens de leur gloire, ver-
saient des larmes d'admiration, et, dans un recueillement solen-
nel, ils contemplaient respectueusement la majesté d'un peuple
libre.

Nous voyons se renouveler ce spectacle auguste. Des Français
sont morts pour la liberté au sein de cette ville fameuse ; et leur
cendre est honorée dans le sejour même où conspiraient les tyrans
qu'ils ont terrassés. Les enfans, les épouses de nos frères qui ne
sont plus, deviennent l'héritage de la patrie. Ces hommages rendus à l'héroïsme civique, les familles des défenseurs que nous
pleurons, les regrets de leurs vaillans frères d'armes, la présence
des législateurs que la France chérit et révère, l'aspect des fidèles
magistrats du peuple, l'aspect imposant de ce peuple même,
qui renferme à la fois les conquérans de la Bastille et les vainqueurs de la royauté, tout répand autour de moi une atmosphère
de liberté qui inspire et les actions généreuses et les grandes pensées. Il ne manque à la dignité de ce jour de gloire qu'une voix
plus éloquente qui puisse atteindre, par la hauteur des expres-
sions, à la hauteur des actions et des hommes qu'il faut célébrer.

Mais qu'est-il besoin d'éloquence? Les choses et les lieux par-
lent assez. C'est ici que le despotisme aiguisait les poignards qui devaient égorger tous les amis de la liberté ; c'est ici qu'un or coupable achetait des cliens à la servitude ; c'est ici que se tramaient nos
défaites et l'inaction de nos armées ; c'est ici que les descendans de
Guillaume Tell se sont avilis jusqu'à servir, dans leurs projets de

vengeance , des tyrans sans caractère et sans courage; enfin, c'est ici qu'un roi perfide accumulait les sermens et les parjures , nous vendait à la maison d'Autriche , encourageait à la trahison des généraux criminels , et tentait de rétablir sa puissance arbitraire sur les cadavres du peuple français , non loin de la fenêtre fatale où l'avant-dernier des Valois vengeait sa religion par des forfaits , et massacrait lui-même les citoyens malheureux qui croyaient échapper à des assassins en invoquant le nom d'un roi.

Et c'est ici que les conspirateurs ont été punis. Le véritable souverain s'est montré, et tous ses lâches ennemis se sont cachés dans la poussière. Ces foudres d'airain , si long-temps appelés la dernière raison des rois, ont consacré les droits du peuple ; et tandis que l'Assemblée nationale , plus grande en ce moment que l'Assemblée constituante , éclipsait le serment du Jeu-de-Paume par un serment plus saint , prêté dans le fort du danger, vous, citoyens de Paris , et vous généreux fédérés, et vous braves cavaliers de la gendarmerie nationale , rivaux des braves gardes-françaises , vous luttiez tous de civisme et de courage, et les héros que nous pleurons scellaient de leur sang précieux le serment des pères de la patrie.

Oh ! combien est importante cette victoire de l'égalité ! combien était nécessaire cette nouvelle insurrection dont les suites ont été si heureuses ! Déjà triomphaient en espérance la royauté, la superstition et l'aristocratie conjurées ; déjà elles faisaient éclater une joie parricide , et marquaient du doigt leurs victimes. Et sur elles est tombée soudain la vengeance qu'elles prétendaient exercer ! Et le glaive de la loi frappe les coupables qui sont échappés aux rigueurs du combat ! La pique du pauvre a vaincu le poignard patricien. Tous les plans des traîtres sont dévoilés et détruits , les sources de la corruption taries, les ennemis de l'État frappés dans l'intérieur , déconcertés au-delà du Rhin ; et les généraux rebelles qui luttaient contre la puissance nationale et se flattaient de subjuguer Paris , sont trop heureux d'éviter , par une fuite honteuse , le supplice qu'ils ont mérité.

Hommes généreux, morts pour la liberté dans cette journée mémorable, vous avez été presque tous moissonnés dans la fleur de votre jeunesse : la nature vous devait des années plus nombreuses, et vous deviez être plus long-temps le soutien de la

France, notre mère commune; mais si vous avez trop peu vécu pour elle, vous avez assez vécu pour la gloire. Votre souvenir ne périra point ; vos enfans seront des héros comme leurs pères : tant que nos belles contrées enfanteront des hommes libres et braves, vous leur servirez de modèle, et la postérité reconnaissante vous proclamera les conquérans de l'égalité , les libérateurs de la patrie.

N'en doutez pas , citoyens , sans ce combat glorieux , mais sanglant , où nous avons vu périr les plus cruels ennemis du peuple et ses plus généreux défenseurs, nous n'aurions possédé qu'un fantôme de liberté , et la royauté constitutionnelle , aidée d'une liste civile monstrueuse , aurait fini par anéantir en France les droits sacrés du genre humain. Nous mettrons à profit cette grande leçon. Trop long-temps l'arbre monarchique n'a porté que des fruits de mort. Ses sombres rameaux, qui s'étendaient sur tous les points de l'empire, y portaient le deuil et la stérilité. Maintenant ce cyprès lugubre est écrasé par la foudre ; il est frappé dans ses racines , et l'arbre de la liberté, planté par la nation souveraine, s'élève et plane majestueusement sur les quatre-vingt-trois départemens de la république française , en attendant que ses branches fécondes ombragent l'Europe et le monde entier.

Sages législateurs de la France , premier espoir de l'État , et vous, magistrats, fonctionnaires publics, investis de la juste confiance du peuple ; vous, généreux citoyens de Paris ; braves Marseillais, vaillans fédérés, accourus des départemens les plus lointains pour sauver la liberté chancelante ; vous tous , dignes compagnons d'armes des héros que nous regrettons; vous, leurs enfans et leurs épouses, parens chéris de la famille commune, approchez de ce monument de deuil et de gloire , et prêtons tous ensemble le serment auguste de maintenir la liberté, l'égalité, ou de mourir en les défendant. Que ce serment, répété d'un bout de la France à l'autre , vole au-delà de nos frontières; qu'il fasse pâlir dans leur camp les despotes et les généraux ligués contre nous ; que leurs armées les abandonnent , que la tyrannie ne trouve plus un soldat qui veuille embrasser sa querelle; et que la France , heureuse et tranquille , se repose, après tant d'orages , sous l'abri des lois bienfaisantes qui vont consacrer pour tous les siècles les droits et la souveraineté du peuple.

Note (I), *page* 75.

Notice sur le monument élevé à Lucerne à la mémoire des Gardes-Suisses qui ont succombé en 1792.—Lucerne, Chez Xavier Meyer. 1821.

LE régiment des gardes-suisses au service de France, malgré des insinuations multipliées, s'est refusé avec fermeté, dès le commencement de la révolution , à toute participation aux scènes de troubles qui signalèrent cette époque. Étranger aux opinions et partis qui divisaient alors les habitans de la France, il ne connaissait qu'un seul devoir, celui de défendre un prince auquel il était attaché par des sermens sacrés , par un juste respect et par la reconnaissance. Le 10 août de l'année 1792 devait mettre ses sentimens à l'épreuve la plus décisive. Appelé à la défense du château des Tuileries par les ordres du roi et les dispositions des hommes qui exerçaient alors le pouvoir , la petite troupe de héros ne maintint le champ de bataille, contre des forces infiniment supérieures, qu'après une lutte de plusieurs heures et en le couvrant de ses cadavres. Ils seraient même tombés tous victimes de leur devoir , si le roi ne leur eût envoyé l'ordre de déposer les armes. Peu des braves officiers et plusieurs des soldats qui échappèrent à la mort , ne durent leur vie qu'aux nobles soins de généreux amis de l'humanité ; les autres périrent sur l'échafaud ou furent massacrés.

Cette nouvelle porta la douleur , le deuil et l'indignation dans toutes les parties de la Suisse. Ces sentimens cédèrent bientôt à celui de l'admiration générale d'une action qui a fait revivre l'honneur national dans un nouvel éclat.

D'après un ordre exprès du roi, une partie des officiers du régiment des gardes-suisses se trouvaient alors en congé chez eux. M. Charles Pfyffer d'Altishofen , maintenant colonel , était du nombre de ceux-ci. Il perdit un oncle et un second père dans la personne du major de Bachmann, lequel montra sur l'échafaud la même grandeur d'ame qu'il avait déployée au combat. Lui-même attaché dès sa première jeunesse au régiment des gardes-suisses prenait une part bien vive au sort de ce corps , ainsi qu'à celui de tant de braves camarades et amis. Déjà à cette époque il conçut

l'idée de consacrer aux mânes des héros succombés un petit monument, idée qui peu à peu devint une résolution déterminée ;
mais plusieurs circonstances retardèrent pendant une suite d'années la réalisation d'un projet qu'il ne perdit jamais de vue.

La famille des Bourbons ayant, par suite des grands événemens
du temps, recouvré la possession du trône héréditaire, et une nouvelle tentative ayant été faite de les en expulser, les troupes
suisses en France donnèrent encore une fois un exemple glorieux de
leur ancienne fidélité. C'est alors que la haute Diète, sur la proposition du canton directorial de Berne, décréta, le 7 août 1817 :
« De vouer une reconnaissance éternelle et l'admiration dont elle
» est pénétrée, à l'héroïsme de l'ancien régiment des gardes-suis
» ses, héroïsme qui n'est obscurci par aucune des actions de bra
» voure et de vertu de nos ancêtres.» Elle décréta : « De conserver
» à la postérité, dans les archives fédérales, les noms de ceux qui
» ont péri sur le champ de bataille, de ceux qui ont été massacrés
» à la suite de leur fidélité; de ceux enfin de leurs frères d'armes
» qui ont survécu, et de décorer tous les militaires encore vivans de
» ce régiment, qui étaient présens à l'attaque du château des Tui
» leries le 10 août 1792, d'une médaille en fer avec l'inscription :
» *Fidélité et Honneur.* »

Encouragé de voir ainsi la nation rendre la justice au mérite héroïque de ses frères d'armes, le colonel Pfyffer résolut de donner
plus d'extension à son projet primitif, et d'exciter l'intérêt général
à concourir à l'élévation d'un monument qui, grand et simple, et
aussi digne des mânes auxquels il serait voué que de ses fondateurs, éterniserait cette action sublime sur un sol ennobli par la
nature et par l'histoire.

Par une annonce publique du 1 mars 1818, le colonel Pfyffer
proposa une souscription pour construire ce monument, en annonçant que l'excédant du produit des souscriptions, déduction
faite des frais, serait employé, soit à l'entretien d'un invalide
employé comme gardien du monument, soit à secourir des sousofficiers et soldats indigens, qui, ayant pris part au combat du
10 août, sont décorés de la médaille de fer.

Il est dans la nature des choses que des entreprises comme
celle-ci soient différemment jugées, plus ou moins appuyées, quelquefois même mal interprétées : mais ce qui contribua surtout à

l'encouragement du directeur de l'entreprise, ce sont les dons généreux des hauts gouvernemens des États confédérés de Berne, Lucerne, Fribourg, Soleure, Tessin, Vaud, Vallais, Neufchâtel et Genève; ceux des réunions suisses à St.-Pétersbourg, Vienne, Paris, Copenhague, Trieste, Livourne et Gênes; ainsi que des louables régimens suisses au service de France et des Pays-Bas; la part qu'y prirent beaucoup de Suisses, entre lesquels se distinguèrent, par l'activité et le zèle qu'ils mirent à répandre l'annonce, ainsi qu'à recommander et favoriser la chose à Zurich : M. J.-J. Hess, sous-secrétaire du tribunal d'appel; à Berne : M. de Graffenried de Gerzensee, colonel de la confédération; à Schwitz : M. le général baron de Redding; à Fribourg : M. Stutz, archiviste d'État; à Soleure : M. le conseiller et colonel de Gibelin; à St.-Gall : M. le landammann de Muller-Friedberg; dans les Grisons : M. de Toggenbourg; à Schaffouse : M. le colonel de Schalch, président du Conseil des guerres; en Argovie : M. de Schmiel, membre du petit Conseil et colonel de la confédération; dans le canton de Vaud : M. Guiger de Prangins, colonel de la confédération; à Genève : M. le lieutenant-colonel Tronchin.

Ce qui prouve que cette entreprise trouva des amis même hors du cercle des cantons confédérés, c'est l'approbation exprimée envers son auteur, avec autant de bienveillance que de générosité, par Leurs Majestés l'empereur de Russie et le roi de Prusse; les souscriptions de leurs excellences les envoyés de France et d'Espagne, accrédités près la confédération suisse; ainsi que du ministre de Danemarck à Florence; enfin l'intérêt que lui témoignèrent grand nombre d'étrangers respectables.

Le directeur de l'entreprise remplit un devoir qui lui est bien cher, en exprimant publiquement et déposant dans cet écrit sa respectueuse reconnaissance envers tous les hauts et bienveillans protecteurs mentionnés ci-dessus, envers tous ceux qui, par souscription et recommandation ou de toute autre manière, ont rendu possible et favorisé l'exécution de cet ouvrage, mais très-particulièrement envers les illustres avoyers et membres du gouvernement du canton de Lucerne, pour leur protection bienveillante, ainsi qu'envers le louable Conseil d'administration de la ville de Lucerne, pour les nombreux secours et services rendus de la manière la plus gracieuse.

C'est ainsi que, par l'accroissement progressif de la souscription, qui se monte jusqu'à ce jour à la somme totale d'à peu près mille louis d'or, il fut permis de songer à commencer l'ouvrage.

S. E. M. l'avoyer de Ruttimann, mue par l'intérêt qu'elle voue constamment à toutes les belles et bonnes institutions, ainsi qu'à tout ce qui peut favoriser les sentimens patriotiques, les arts et les sciences, a pris sur elle, pendant son séjour à Rome comme député, d'engager le célèbre Thorwaldsen à faire le modèle du monument. Cet artiste, quoique surchargé d'ouvrages commandés par les premiers monarques de l'Europe, n'en accéda pas moins avec plaisir à l'appel qui lui fut fait, déterminé autant par ses sentimens bienveillans pour la nation suisse que par l'admiration de l'action héroïque qu'il s'agissait de célébrer. Il mit tout le zèle possible à achever ce beau produit de l'art, et, lors d'un voyage qu'il entreprit d'Italie en Danemarck, il fit un détour considérable pour pouvoir considérer en personne le local choisi pour l'érection du monument; il le trouva très-propre à cette destination et le rocher lui-même très-durable. C'est le 19 août 1819 que l'on commença à creuser la grotte. Peu de temps après, le modèle arriva à Lucerne. A l'ouverture des caisses, il se trouva considérablement endommagé, et la tête du lion surtout était brisée en plus de cinquante morceaux. C'est à l'habileté et aux soins persévérans de M. le lieutenant-colonel Louis Pfyffer de Wyher, que nous devons que le tout a été rétabli de manière qu'il ne reste plus la moindre trace d'endommagement.

L'on procéda enfin à l'exécution du lion colossal; elle fut commencée et terminée dans l'espace de seize mois (du 28 mars 1820 au 7 août 1821) avec enthousiasme, persévérance et un rare talent, par M. Lucas Ahorn, sculpteur de Constance. C'est ainsi que cet artiste s'assura à lui-même une mémoire aussi durable que le rocher dans lequel il a creusé son bel ouvrage.

La louable coutume de nos pères, de célébrer par de pieux anniversaires les actions des braves qui ont succombé en servant leur patrie ou en remplissant leur devoir, avait fourni l'idée de restaurer convenablement une petite chapelle située tout près, et de la mettre en liaison avec le monument. Dans l'espérance de pouvoir intéresser surtout les louables abbayes, chapitres et couvens de la patrie, pour un acte religieux aussi touchant que patriotique, le directeur de l'entreprise avait essayé de former une souscription particulière, exclusivement destinée à la dotation de cette chapelle, et à la fondation d'un service funèbre qui y serait célébré annuellement le 10 août ; mais il s'est vu forcé dans la suite de renoncer à cette idée et d'avoir recours, autant qu'il lui fut permis, à la masse de la souscription principale, afin de pourvoir au strict nécessaire de ce lieu sacré, dont l'inscription simple et la sainte destination sont propres à éveiller dans l'ame du passant les sentimens d'une méditative mélancolie, avec lesquels cette enceinte silencieuse doit être visitée ; enceinte qui provoque le souvenir de victimes innocentes, mais qui ont succombé glorieusement.

C'est ainsi donc que brille, vainqueur de beaucoup d'obstacles, ce monument national, érigé sur le sol suisse en mémoire de Suisses qui succombèrent en terre étrangère et en service étranger ; mais qui, avec le même courage, auraient aussi fait de leur corps un rempart à leur patrie, si les circonstances d'alors l'avaient exigé d'eux ; car, si jamais il y eut un sacrifice désintéressé, c'était le leur.

Annonce donc, noble lion, à la postérité que la patrie a su honorer cette vertu ; et apprends à la génération actuelle et aux générations futures que l'honneur, l'amour de la liberté et de la patrie sont de beaux et grands sentimens, mais que rester dévoué jusqu'à la mort à ceux qui ne peuvent plus récompenser, est pourtant ce qu'il y a de plus sublime ; car, jusqu'ici, l'histoire n'en a fourni que peu d'exemples.

Inscription placée à la porte de la cathédrale le jour du service funèbre.

A   ☧   Ω

HELVETIS

REGIÆ . COHORTIS

PRO . AUGUSTA . DOMO

LUTETIÆ . PARISIORUM

III . IDUS . SEXTILIS . $\overline{\text{MDCCXCII}}$.

EXCUBIAS . AGENTIBUS

COLLATO . PEDE . SIGNISQUE . CONSTITUTIS

IN . FACTIOSAM . REBELLIUM . TURBAM

SACRAM . AULAM . CIRCUMVADENTEM

IMPAVIDE . IRRUMPENTIBUS

LUDOVICO . $\overline{\text{XVI}}$

FRANCIÆ ET NAVARRÆ

PIO . OPTIMOQUE . REGI . UTINAM . FELICI

AD . INTERNECIONEM . USQUE . FIDISSIMIS

PARENTALIA.

Inscription du catafalque placé dans la cathédrale le jour du service funèbre.

X

AUGUSTI.

Juratæ fidei decus est perstare tenacem ;
 Perstantem decus est in statione mori,
Hæcce monere meum, sæclis memorando futuris
 Perstando fidos et moriendo viros.
Ne temnas monitum, generosi nominis hæres,
 Helveta gens : priscà stare memento fide !
Stabit tuta salus, stabit tibi nomen avitum,
 Si tibi perstiterit virtus avita — FIDES.

Inscription de la chapelle près du monument.

DIE X AUGUSTI MDCCXCII.

INVICTIS PAX.

PER VITAM FORTES.

SUB INIQUA MORTE FIDELES.

HELVETIORUM FIDEI AC VIRTUTI.

DIE X AUGUSTI. II ET III SEPTEMBRIS MDCCXCII.

HÆC SUNT NOMINA EORUM, QUI, NE SACRAMENTI FIDEM FALLERENT,

FORTISSIME PUGNANTES CECIDERUNT.	SOLERTI AMICORUM CURA CLADI SUPERFUERUNT.
DUCES XXVI.	DUCES XVI.
MAILLARDOZ. BACHMANN. REDING. ERLACH. SALIS–ZIZERS.	H. SALIS–ZIZERS. DURLER. PFYFFER–ALTISHOFEN.
H. DIESBACH. GOTTRAU. L. ZIMMERMANN. WILD. CASTELBERG.	E. ZIMMERMANN. REPOND. I. ZIMMERMANN.
GROS. P. GLUTZ. S. MAILLARDOZ. ERNEST. FORESTIER.	LUZE. A. ZIMMERMANN. GLUTZ. GIBELIN.
DIESBACH-STEINBRUGG. WALTNER. I. MAILLARDOZ. MULLER.	I. MAILLARDOZ. VILLE. CONSTANT REBECQUE. *
MONTMOLLIN. CASTELLA-ORGEMONT. CAPREZ. ALLEMANN.	LACORBIERE. FORESTIER. LORETAN.
CHOLLET. BOECKING. RICHTER.	
MILITES CIRCITER DCCLX.	MILITES CIRCITER CCCL.

HUJUS REI GESTÆ CIVES ÆRE COLLATO PERENNE MONUMENTUM POSUERE.

Studio Caroli Pfyffer.   *Arte Alberti Thorwaldsen.*   *Operâ Lucas Ahorn.*

* Frère du député; aujourd'hui lieutenant-général au service des Pays-Bas. (*Note des édit.*)